NOS

Tradução
Lucília Teixeira e Maxime Godard

HABITAR
AS TREVAS

**FRED
SEDEL**

Nota dos tradutores

Parecia que o assunto estava encerrado. Convivi com Fred Sedel, meu avô, até o seu falecimento, quando eu tinha 11 anos. Ele nunca falava sobre a sua deportação para os campos de concentração. Minha avó, que viveu por mais de 15 anos após a morte do meu avô, me contava um pouco como o pai dela tinha falecido no campo de trânsito de Compiègne e como era a vida no subúrbio de Paris antes e durante a Segunda Guerra Mundial, mas sem muitos detalhes e por trechos de histórias um tanto desconexos. Pouco a pouco, por relatos da minha mãe, soube o que havia acontecido. Lembro-me bem do meu avô escrevendo esta versão final do livro no escritório de sua casa na Borgonha, em um computador novinho, última geração dos anos 1980. Quando fiz 16 anos, minha mãe me deu o livro para ler. Obviamente, fiquei chocado por todos os relatos que se misturaram às imagens do filme de Alain Renais, *Noite e neblina* (1955), ao qual havia assistido no colégio. Mas o que mais ficou gravado em minha memória foram as sucessivas seleções pelas quais meu avô passou e o fato de ter sobrevivido muitas vezes pelo simples fato de ser médico. Acho que em algum lugar, minha escolha por me tornar médico, que surgiu na minha adolescência, tem a ver com estes fatos: uma profissão que pode salvar.

    Meu avô esperou muitos anos depois da sua volta dos campos para publicar sua história, no final deste livro, ele explica o porquê. Mas ainda assim considero importante lembrar que a França do pós-guerra, recém-liberada da invasão alemã, não queria ouvir falar dessas histórias sombrias de judeus deportados. Gostaria de relatar duas situações absurdas que aconteceram depois do seu retorno dos campos da morte. Primeiramente, ele precisava de uma certidão do Grande Rabino de Paris atestando que ele era judeu para poder se beneficiar de um auxílio do estado por ter sofrido a deportação. O rabino criou empecilhos porque não encontrava o nome dele nos registros e não queria dar a ele a tal certidão. Meu avô, então, mostrando o número de deportado tatuado em seu antebraço, disse ao rabino que nem mesmo os alemães tinham sido tão difíceis quanto ele.

A outra situação foi o processo que ele sofreu do proprietário da casa que ele alugava antes de ser deportado, por não ter podado as rosas do jardim. O proprietário, que ganhou o processo, o obrigou a pagar uma multa: como era judeu, e considerando a situação dos judeus nos anos de guerra na França, ele alegava que meu avô deveria ter se programado para organizar a poda das rosas, já que poderia ser deportado a qualquer momento.

Essas situações de tão bizarras nos parecem irreais... Reler e traduzir o livro hoje, aos 41 anos, trazem outros sentidos, me despertam outras sensações. Muitos dos lugares do subúrbio de Paris, descritos antes da deportação, me são muito familiares: cresci até meus 20 anos a poucas centenas de metros do quartel para onde Fred Sedel foi levado logo após sua captura; meu colégio, meus amigos, muitos lugares que eu frequentava ficam bem perto de onde meus avós moravam, em Igny. Mais tarde, durante minha residência em pneumologia, trabalhei num hospital que ficava ao lado de Drancy, cidade conhecida pelo campo de deportação, onde os detentos permaneciam antes de serem deportados para a Alemanha ou para a Polônia, como aconteceu com o meu avô.

Durante o processo de tradução de *Habitar as trevas*, vários questionamentos e observações surgiram a partir de pontos de vista e de convergências linguísticas. Para Lucília Teixeira, a tradução do francês para sua língua materna, o português; para mim, o trabalho com a versão, da minha língua materna para o português do Brasil. O que mais nos chamou a atenção foram as descrições com grande precisão, até mesmo obsessivas em relação à estrutura dos campos e aos acontecimentos, o que revela um impressionante trabalho de memória da parte do autor. Também com muita precisão, ele descreve o seu estado psíquico e emocional. Mantivemos seu vocabulário médico rigoroso que reforça seu compromisso com a verdade.

A pontuação da escrita de Sedel, com o uso amplo do ponto e vírgula, assim como uma alternância numerosa de tempos verbais, parece acompanhar o seu fluxo de memória além de refletir a dificuldade em contar as trevas pelas quais passou, o que confere uma textura singular ao livro.

Para confrontar alguns fatos descritos neste livro, contamos com a ajuda de Caroline e Catherine Sedel, a quem gostaríamos de agradecer, assim como aos amigos Rafael Araújo, Vincent Zonca, Cristina Pietraroia, Larissa Esperança e Maria Lúcia da Cruz; ao apoio do Instituto Francês, à Simone Paulino e sua equipe da editora Nós, que aceitaram prontamente nossa proposta e tornaram esta publicação possível.

É preciso destacar que a empatia despertada no decorrer da leitura fez desta tradução, processo que durou cerca de um ano, um trabalho árduo também do ponto de vista emocional; não há como não se comover com os fatos que o autor descreve genuinamente e sem lamúrias.

Ao nos perguntarmos sobre o sentido de traduzir este livro hoje para o português, visto que existem tantos relatos publicados, séries, documentários e filmes produzidos sobre o assunto, confrontamo-nos com a situação atual no Brasil e em muitos lugares do mundo. Especificamente neste país, a situação política e social se assemelha à dos anos 1930 na Europa.

Não nos parece sem motivos que o atual governo se solidarize e mantenha relações com membros da extrema direita de diferentes países. Trata-se de um dos comportamentos de governantes de políticas totalitárias baseadas na opressão dos mais frágeis: mulheres, indígenas, negros, trabalhadores rurais, LGBTQIA+ etc.; na promoção da desinformação, fazendo os ataques à imprensa, beneficiando-se de uma propaganda permanente na qual um "pensamento único" é encorajado e as diferenças banidas.

Frente às violências cotidianas da realidade atual, nos pareceu oportuno publicar o relato de Fred Sedel sobre a época sombria – e não tão longínqua – em que ele viveu. Acreditamos ainda que conhecer a História pode contribuir a não repetir os mesmos erros.

No exato momento em que finalizamos a tradução deste texto, a versão italiana foi publicada e lançada em Milão, o que nos traz esperança de que o testemunho único de Fred Sedel continue sendo divulgado e lido mundo afora.

Maxime Godard

Auschwitz, Jaworzno, Birkenau, Sachsenhausen, Oranienburg, Landsberg, Kaufering. Sinônimos de horror, essas palavras, impressas na capa de um livro guardado em um lugar especial na estante do meu amigo Maxime, despertaram meu interesse em conhecer o relato do autor, seu avô, Fred Sedel, o habitante dessas trevas. No entanto, demorei muito tempo para ter coragem de encarar as páginas que se seguiam aos aterrorizantes nomes.

Em 1943, aos 34 anos, o médico francês é capturado por soldados alemães na periferia de Paris e levado à Drancy, de onde inicia sua tenebrosa odisseia – como a de tantos outros – por diferentes campos de concentração e extermínio espalhados entre a Polônia e a Alemanha. Durante vinte e dois meses, de maneira improvável, Sedel tudo observa, sofre numerosos golpes de violência e de humilhação, mas resiste e sobrevive, graças a sua força, perspicácia e a uma série de lances de muita sorte que contribuíram para a preservação de sua vida.

Do final da Segunda Guerra à publicação de *Habiter les ténèbres* na França, em 1988, passam-se 43 anos. Sua escrita, fruto de uma dor indescritível, traz o que a memória de Fred Sedel pôde guardar e descrever em palavras do pesadelo vivido nos campos nazistas. Ao mesmo tempo que há uma riqueza de detalhes dos lugares por onde passou, uma consciência dos espaços que habitou, uma lucidez sobre sua situação física e mental e uma grande precisão médica em tudo o que observa, seu relato é marcado por imprecisões temporais, um vai e vem angustiante e a obsessão pela fuga de um presente ilógico em desconexão temporal, entre um passado e um futuro inatingíveis.

A partir da leitura iniciada em plena pandemia, momento em que vivíamos uma sensação de clausura, surgiu a necessidade de que mais pessoas tivessem acesso a esse inestimável testemunho. O enorme desafio de traduzir foi enfrentado junto a alguém direta e emocionalmente envolvido com o autor, seu neto e também médico Maxime Godard. Foi preciso, no entanto, distanciamento para respeitar as palavras, o modo de dizê-las, as marcas de tantas violências, e tempo para assimilar o relato de acontecimentos inaceitáveis. Durante todo o ano de 2021, foram muitas as pausas entre a tradução de um capítulo e outro, tempo em que refletíamos sobre as particularidades do texto, pedíamos conselhos a amigos e familiares e pesquisávamos o contexto histórico.

34 anos separam a publicação francesa e o lançamento desta edição em português. Leitura, tradução, preparação, revisão, edição. Nenhuma das etapas deste livro, em que se revive o horror dos campos, passaram ilesas à dor da escrita de Fred Sedel. O leitor de *Habitar as trevas* é levado a percorrer caminhos absurdos (derradeiros para muitos que os viveram), sentir o que os olhos de Sedel testemunharam, acolher seu relato e manter a mente e os olhos atentos contra toda e qualquer tentativa de violação e aniquilamento da vida e dos direitos humanos, seja onde e em que tempo for.

Lucília Souza Lima Teixeira

Prefácio à edição francesa

O historiador estuda os testemunhos deixados pelos atores, os espectadores de tempos passados, e assim reconstitui a História. O médico questiona o paciente e, por este único interrogatório, se aproxima do diagnóstico. Algumas vezes um homem é ao mesmo tempo historiador e testemunha. Em outras, ele é simultaneamente médico e paciente.

Excepcionalmente, o mesmo homem é ao mesmo tempo historiador, testemunha, médico, paciente. Assim é Fred Sedel, autor desta obra admirável e emocionante: *Habitar as trevas*. As narrativas de resistência e de deportação poderiam, como já se observou, serem escritas sob a forma de trípticos. Na página do meio, a verdade; na da esquerda, a versão dada pelos policiais alemães durante os interrogatórios; na página da direita, o relato feito aos amigos depois da libertação. Fred Sedel escreve definitiva e unicamente na página central.

A humanidade tinha conhecido a escravidão das sociedades antigas, o comércio de negros, as lembranças da casa dos mortos. Ela deveria, com a solução final de Hitler, conhecer horrores até então ignorados.

Entre todos os testemunhos trazidos há mais de meio século dos campos da morte, o testemunho de Fred Sedel é com certeza um dos mais puros, um dos mais verdadeiros. Um rigor clínico inspira as descrições. Descrições da organização sistemática, programada do assassinato de inocentes; descrição da brutalidade perversa dos torturadores, descrição dos sofrimentos pessoais. Rigor, mas também pudor. A emoção é contida. Os riscos e as dores constantes são evocados em algumas linhas. Do início ao fim, a força irrefutável da verdade.

Fred Sedel viu as câmaras de gás, assistiu às seleções prévias, viu homens, mulheres e crianças lançados à morte, viu seus cadáveres depois da asfixia.

Um testemunho preciso, baseado exclusivamente nos fatos, que certamente será considerado pelos historiadores.

"O habitante das trevas", ao longo de terríveis provações, demonstrou uma admirável coragem. Ele socorreu constantemente seus companheiros de infelicidade. Ao voltar para casa, teve outra coragem: juntar suas lembranças, correndo o risco certeiro de avivar feridas malcicatrizadas, a coragem de ordená-las, classificá-las, a coragem de escrever este livro forte e profundo.

Jean Bernard

*À Myriam
Aos nossos filhos
Aos nossos netos*

Reencontrei o gosto do camembert como uma criança que o experimentaria pela primeira vez. Pesava trinta e nove quilos, sentia-me fraco, tinha alguns vestígios das violências sofridas, de doenças que havia superado milagrosamente. Mas como o sol estava bonito! Como o ar era suave e a vida bela!

O inesperado aconteceu: minha companheira havia me esperado em meio a mil adversidades, contrariando toda esperança; eu não tinha mais nada e ela me providenciava tudo. Ela me vestiu, me mimou, me ensinou novamente a comer. Tudo era espantoso: colocar-me à mesa diante de uma toalha e pratos, usar talheres, ter uma nova carteira, um isqueiro, uma caneta, um domicílio, uma família, um filho de dezessete meses cuja existência eu ignorava.

Durante cinco meses saboreei meu renascimento. Era verão e no outono eu deveria retomar minha atividade de médico. Enquanto isso, eu comia, dormia. Meus cabelos cresciam lentamente, no ritmo deles; meu corpo ganhava músculos, eu ganhava peso. Durante um mês na Bretanha, em Saint-Cast, eu me encurvava sobre o carrinho de bebê do meu filho para subir a ladeira que vai da praia em direção ao vilarejo. O vento suave vindo do mar me dava arrepios, ainda não tinha recuperado minha camada de gordura protetora.

Durante o dia, eu me esforçava em espantar o horror, em não pensar em nada, em gozar o momento presente. Tudo era tão novo, eu encontrava a alegria de viver com uma intensidade dolorosa: passear livremente pelas ruas do vilarejo, pegar o metrô, dar uma volta em Paris eram alegrias inefáveis. Eu não ligava para as minhas insuficiências, a respiração curta demais, a fraqueza das minhas pernas, a dor do meu pé machucado, tudo era motivo de exaltação.

Entre o antes e o depois havia um abismo, eu não era mais o mesmo. O horror havia substituído a agonia dos últimos meses de liberdade, a certeza de jamais atingir a idade de 36 anos havia profundamente modificado meu psiquismo.

Durante o dia, eu reprimia as lembranças do campo de concentração, mas os pesadelos aconteciam todas as noites, aterradores. Acordava todas as manhãs na mesma hora em que o gongo do despertar ressoava no campo, antes do amanhecer, e contava para minha esposa, dia após dia, tudo o que estava gravado em minha memória com uma fidelidade quase cinematográfica.

Não senti, imediatamente, necessidade de escrever; no ano seguinte ao meu retorno, passei um tempo em um hospital, algumas sequelas do campo precisavam de pequenos reparos. Foi durante esta estadia de 15 dias que comecei a escrever. As primeiras páginas relatavam a grande seleção no hospital do campo de concentração.

Depois da minha alta, fui tomado pelo turbilhão do cotidiano, pelos meus pacientes, minha família e preocupações de ordem material: morávamos em uma casa bem pequena, a mesma que tínhamos ocupado antes da minha deportação, e era preciso encontrar outro lugar, o que não era fácil. Foi somente em fevereiro de 1947 que conseguimos nos mudar, passamos de um sobrado de três cômodos para uma casa burguesa com mais de 20 cômodos principais, muito deteriorada, onde tudo teria que ser refeito. A mudança coincidia com o nascimento prematuro de nosso segundo filho.

Tudo isso explica o porquê de eu não ter continuado a escrever, não foi por não sentir a necessidade de fazê-lo; eu a sentia de forma obscura, como uma libertação, um meio de reinserção numa vida normal e, por outro lado, como um dever imprescindível: contar minha experiência única com toda a precisão, toda a verdade, toda a sobriedade de que eu fosse capaz. Sentia a obrigação de testemunhar, pois, se os sobreviventes dos campos eram raros, os que tinham a possibilidade, como eu, de testemunhar por escrito eram mais raros ainda.

Alinhei capítulo por capítulo, ou melhor, página por página nos momentos de tempo livre, entre duas consultas, nas voltas de uma série de visitas domiciliares, esperando a hora da refeição, às vezes reduzindo meu descanso noturno. Pouco a pouco este livro se fez.

Tive que esperar muito tempo antes de vê-lo na vitrine de uma livraria: foi o acaso que me colocou em contato com um editor, sendo que eu não havia dado nenhum passo para tentar sua publicação. Meu livro só foi publicado em 1963, 18 anos depois do meu retorno, 17 anos depois da redação do primeiro capítulo. Os tempos não eram muito favoráveis: uma primeira onda de narrativas sobre a deportação havia sido publicada a partir de 1946, com os livros de David Rousset, Robert Anthelme e outros. Em 1962, a guerra da Argélia, muito recente, era o que chamava a atenção, e o interesse pelo genocídio tinha passado para o segundo plano.

Com o surgimento de novas gerações, esses acontecimentos não eram de seu tempo, mas faziam parte da História. Numerosas obras foram publicadas sobre o fenômeno do genocídio durante os últimos 45 anos. Umas são narrativas de sobreviventes, outras estudos de historiadores baseados em testemunhos e documentos.

Nunca existiu confissão dos fatos por parte das autoridades alemães durante a matança: o assassinato coletivo era designado sob o termo de "solução final", as câmaras de gás nunca eram nomeadas, os crematórios queimavam pessoas mortas de morte natural etc. Essa ocultação sistemática permitiu o nascimento da negação do genocídio, trabalhos de universitários propondo falsas provas à falsas premissas com a finalidade de negar, de banalizar o fenômeno único que foi o genocídio de judeus e ciganos. Essas tentativas seriam ridículas se pensamentos influenciáveis não se encontrassem profundamente impregnados por elas, o que é lastimável para a humanidade inteira. Sim, elas produziram uma profunda confusão nos pensamentos: não vemos na imprensa os recentes acontecimentos da Romênia designados sob o vocábulo de "genocídio",[1] enquanto se trata de tumultos reprimidos com sangue?

Não quero discutir pormenores, nem a quantidade nem a maneira. Cada homem que morre por conta da ação violenta de outro homem é uma perda irreparável; mas no Camboja houve órfãos, não em Auschwitz, não em Maïdanek! Quando a humanidade tiver integrado a singularidade dos genocídios cometidos pelos nazistas, haverá uma pequena esperança de que não haja repetições. Sobre um acontecimento histórico tão grave seria necessária a unanimidade do mundo civilizado, mas estamos longe disso.

Os falsificadores históricos e seus seguidores não sabem para onde vão banalizando a atrocidade: quem é capaz de dizer que um dia, por um efeito bumerangue, seus próprios descendentes não sejam vítimas de alguma espécie de "Shoah", cujas teses pseudocientíficas terão favorecido a insurgência?

---

[1] O autor se refere ao conceito de genocídio, definido em 1944 pelo jurista polonês de origem judaica Raphael Lemkin, como crime contra a humanidade que consiste no extermínio de uma comunidade, grupo étnico, racial ou religioso. Ver SANDS, Philippe. *East West Street: On the Origins of Genocide and Crimes Against Humanity*. Londres: Orion Publishing Co, 2016. [N.T.]

Captura

Havia algum tempo o ar tinha se tornado irrespirável. Isolado no meu tranquilo e arborizado subúrbio, eu gozava de uma falsa segurança. Minhas amizades dentro da polícia do distrito, projetos de fuga, em caso de emergência, pela janela do banheiro, mantinham essa calma que não conseguia abafar uma angústia profunda e permanente. Tinha feito contatos e alguns amigos me preparavam apressadamente uma estadia no campo com a minha família; a fazenda ficava, infelizmente, em zona proibida, assim, era necessário encontrar uma maneira de conseguir documentos para os meus familiares e para mim. Durante os trâmites que mal haviam começado, o tempo passava. No fim das contas, eu adiava o prazo por medo do contato com as multidões de viajantes, do risco de uma abordagem policial, de mil perigos possíveis, por milhares de razões imprevisíveis.

Havia também um problema material: por quanto tempo eu teria que resistir com o pouco dinheiro que ainda tinha? Encontraria uma possibilidade de nos sustentar caso a situação se prolongasse?

Além disso, é preciso dizer: esse medo de se mexer e de tomar uma decisão tinha se disfarçado atrás de um perigoso fatalismo otimista: como nada acontecia, isso podia ainda continuar e cada dia real e seriamente perdido me parecia um dia ganho, tal era o meu monstruoso erro, e éramos muitos nessa época a nos enganar dessa maneira.

Esse otimismo sereno acabou em um desfecho brutal que eu não tinha previsto:

Em 9 de julho de 1943, eu retornava de minhas visitas domiciliares. Eram onze horas da manhã, o sol estava radiante e fazia muito calor. Antes de ir para casa almoçar, tinha ainda uma última visita na minha rua. Quase chegando na última esquina onde devo virar à esquerda, passo por dois militares alemães. São soldados. Mas ali, naquele momento, não me dou conta disso, só me lembro de uma surpresa confusa pela presença deles naquela rua, tranquila e também deserta. Há um jardim na frente da casa do meu cliente; atravesso-o depois de ter deixado minha moto na frente do pequeno portão de madeira.

Começo a examinar meu paciente, um idoso hipertenso. Dou uma olhada distraída em direção ao jardim: os alemães estão ali rodeando minha moto. Em seguida, olham a casa e conversam entre si. Desta vez entendi: eles vieram para me buscar. Minha primeira reação é insensata: digo à esposa do meu paciente que eles vieram por minha causa e me escondo... no banheiro! Meu desespero é extremo, as ideias se chocam, ingenuamente imagino que possa ser algum controle rotineiro, informações sobre um dos meus clientes; não imaginamos que nosso corpo em vida possa ser diretamente um alvo. Não aprendi a desconfiar dos homens.

Então, de repente, me dou conta: eles sabem onde estou, pois minha moto permaneceu na frente da porta, basta apenas me pegarem na saída. Assim, faço um esforço sobre-humano para me mexer e agir, deixo a casa do paciente pela porta dos fundos, atravesso o mato com espinhos, escalo um muro velho de pedras de um metro e meio que separa o jardim da vizinha. O jardim onde me encontro fica na esquina da rua pela qual tinha acabado de passar e – que sorte! – há duas saídas. A proprietária é uma paciente minha, balbucio uma explicação e diante de minha aparência transtornada, ela recua e me deixa passar pela porta lateral que os soldados não podem ver. Estou livre, tenho somente um pensamento: contornar o retângulo de casas e jardins por trás para alcançar minha casa e avisar minha mulher antes que eles cheguem.

Tudo vai muito bem: minha mulher e sua mãe entendem imediatamente, vestem uma roupa e fogem com uma malinha, sempre pronta, contendo algumas joias e dinheiro.

É então que acontece o imprevisto, o acidente, o desabamento, o que poderia ser designado pelo termo inglês, intraduzível em francês, *breakdown*. Antes de fazer as provas na escola, eu tinha um medo intenso, mas uma vez imerso na ação, tudo se tornava claro e preciso, todos os meus pensamentos se tornavam eficientes; ali, naquela situação particularmente grave, optei por um comportamento absurdo. O que acontecia comigo era um desabamento, mas recuso o termo covardia. Minha conduta era explicável, eu tinha sérios argumentos para justificá-la. Que minha decisão, tomada em alguns instantes, não fosse a correta, que eu tivesse acreditado que deveria me render, ao invés de aproveitar essa chance única de escapar de uma prisão, saberia disso mais tarde, quando arrependimentos tardios demais me obcecariam por ter perdido uma oportunidade.

Penso que, neste momento crucial, vários argumentos se atropelavam na minha mente: cobrir eficientemente a fuga da minha mulher era a minha principal preocupação, mas eu me dizia que essa "visita" talvez fosse sem gravidade, que eu conseguiria me explicar; havia outros pensamentos absurdos, como os que vêm nas mais graves circunstâncias, para confundir o seu livre-arbítrio: não cheguei até mesmo a pensar que não podia abandonar minha motocicleta?

Tudo isso durou pouquíssimo tempo. Um último sobressalto me levou rumo à liberdade e, então, foi o fim: um sabor amargo do sacrifício que eu imaginava ser livremente consentido e um sentimento de fatalidade, impossível de combater, fizeram o resto, e eu fui até os dois soldados que não tinham percebido nada e não tinham deixado seus postos.

Eu lhes perguntei educadamente a finalidade da visita e quando um deles me respondeu, entendi a imensidão do meu erro. Ele puxou o revólver e disse várias frases com um tom monocórdio, das quais só retive que atirariam em mim ao menor gesto suspeito, sem aviso.

Ter comprometido o meu primeiro impulso rumo à liberdade deixando escapar essa chance extraordinária e me dar conta de que ela tinha sido única e cada vez menos possível, constituiria durante longos meses, etapa após etapa, uma dolorosa obsessão que se manifestaria em pesadelos acordados. Nesses fantasmas de arrependimento, me apresentava sempre fantasiado com um figurino de arlequim que executa uma coreografia hesitante no cruzamento fatal entre a liberdade e a morte, dando um passo ora à esquerda, ora à direita.

Assim começou um longo e aterrorizante percurso, cujo fim feliz ainda me enche de surpresa após tantos anos vividos depois de minha liberação. Tentarei descrever com exatidão esse percurso único, me esforçando para sensibilizar o leitor deste sofrimento físico e moral ininterrupto pelo qual passei durante 22 meses.

Os dois policiais não têm mais rosto para mim. Só retive as silhuetas verdes e as grandes placas de identificação em meia-lua que iam de um lado ao outro sobre o peito deles. Eles me escoltaram e seguimos a pé o caminho rumo à estação de trem. Percorremos então um quilômetro nas ruas tranquilas do vilarejo, onde nada havia mudado, e não percebi naquele momento que os habitantes – todos me conheciam – nos ignoravam. A partir deste momento, tudo me pareceu irreal, não podia acreditar que um evento feliz não viria me libertar e demorei um tempo para "compreender" a minha situação.

É uma bela manhã de julho, esse 9 de julho de 1943, uma leve bruma flutua acima do vilarejo, a nuvem habitual de calor, fumaça e poeira aparecem ao norte, ao longe, sobre Paris. O trem deve passar mais tarde e convido os policiais a beber algo enquanto esperamos. Ainda nos tratamos de forma correta, de homem para homem, e os dois capangas parecem quase envergonhados, eles sorriem para mim. Por pouco, começariam uma conversa sobre os pequenos fatos da vida policial, mas a conversa se esgota, e eu me fecho.

A dona do café é uma cliente minha, ela nos rodeia e gostaria de fazer perguntas, mas não ousa. Eu me detenho nos objetos à minha volta, esvazio lentamente meu copo, olhando os arbustos que cercam o canteiro de pedras, apalpo a mesa de ferro e farejo o odor de tinta quente que ela libera, como se eu sentisse a necessidade de levar comigo tudo isso para lá, de onde não se volta...

Dirigimo-nos à plataforma da estação, e agora que me recompus, procuro febrilmente um jeito de escapar deles, mas é impossível, estamos quase sozinhos e eu deveria correr à vista de todos, desprotegido: não tenho chance nenhuma de conseguir, me resigno, apanho algumas pedrinhas na plataforma que introduzo no meu bolso, lembrança miserável de tudo que deixo atrás de mim.

Subimos num compartimento vazio do trenzinho do subúrbio e olho com a maior atenção a paisagem familiar tentando esquecer por uma última vez a presença dos guardas.

A sede das forças aéreas alemãs para a França está estabelecida na secretaria de um colégio particular em Jouy-en--Josas (que se tornará, anos depois, a Fundação Cartier). Essa secretaria situa-se nas partes comuns do castelo, encostado no muro que circunda um parque magnífico com amplas áreas de gramado. É para lá que os soldados me levam e me entregam ao comandante do campo; eles fazem seu relatório e desaparecem. Eu pergunto ao oficial o motivo da minha prisão. Ele olha para a frente, como se eu não existisse, e se afasta sem responder. Durante 15 minutos, permaneço sozinho na entrada do escritório. Do lado desse prédio há um portão secundário dando acesso a uma pequena rua mal pavimentada e com pouco movimento. Esse portão parece fechado, mas acho que eu poderia forçá-lo e fugir; serei rápido o suficiente? Não há sentinelas lá fora? Uma grande excitação se apodera de mim, quero fugir, mas ao mesmo tempo fico paralisado pelo medo e incapaz de me mover. Talvez eu superasse meu pavor se eles me dessem tempo, mas um soldado vem me buscar e me leva ao posto de guarda, num chalé situado na entrada da propriedade.

Vendo os numerosos guardas armados e barulhentos, estou até aliviado de não ter que tomar iniciativa. Ali estão vários superiores e soldados sentados em bancos de madeira em torno de uma mesa rústica. O arsenal fica atrás da porta, num canto da sala. Os guardas me deixam em pé um pouco afastado e ninguém presta atenção em mim. Eles continuam a conversa animada que tinham interrompido quando cheguei; não temem qualquer indiscrição desse estranho, que supostamente não entendia o idioma deles. Algumas palavras, alguma entonação chamam minha atenção, saio lentamente do meu tormento e escuto suas falas surpreendentes. Um deles acaba de voltar de licença e conta: "Vocês não imaginam o que é! É horrível! Minha mãe desapareceu no último bombardeio; nossa casa está destruída. Meu pai está num quartel transformado em alojamento, ele foi ferido no mesmo bombardeio e desde o desaparecimento de minha mãe, está atordoado, não se interessa por mais nada e não fala com ninguém. Ele olhou para mim, me deu um sorriso vago, então virou a cabeça e não falou mais nada. Nem sei se me reconheceu.

Então, fui embora e pedi um tíquete de alojamento no *kommandantur*.² Eu não tinha mais pais, nem casa e nem amigos. Minha noiva tinha ido para a Bavária para fugir do perigo. Durante os ataques, eu ia até os abrigos, mas de forma mecânica, só para fazer algo. Não sentia medo, não sentia mais nada. Os 15 dias se passaram muito rapidamente e agora estou aqui e me pergunto para quê. Tudo está destruído, todos os meus estão perdidos, estou sozinho como um cachorro. Ainda gostaria de ser mandado para a Rússia para que isso acabe logo."

Então um outro segue: "Uso este figurino há quase seis anos e não vejo o fim. Estava estudando para me formar engenheiro, mas as perspectivas de emprego eram ruins e meus pais eram pobres, então entrei para o exército para fazer o serviço militar por antecipação e ser liberado com 20 anos; porém começou a guerra, e desde então somos governados por um bando de brutos e idiotas; do outro lado estão esses americanos safados que destroem tudo em nosso país. Ainda bem que temos o nosso *führer*, mas quando ele tiver exterminado toda essa peste inimiga, o que sobrará do nosso belo país? Fica mesmo difícil saber em que ponto estamos."

E um terceiro o interrompe para dizer: "Só sei de uma coisa: já passei seis meses no fronte russo e depois um ano no hospital; aqui ainda estamos sossegados, mas se por acaso eu tiver que voltar para lá, prefiro morrer agora!"

Essas palavras acompanhadas de todos os sinais de um profundo desespero e de xingamentos contra seus superiores me encheram de uma esperança insensata, como se a revolução tivesse estourado entre os ocupantes; tenho a impressão de que a deliquescência desse exército no declínio da sua glória é um fato

---

2 Quartel General do exército alemão. [N.T.]

consumado e deve levar muito rapidamente – hoje ou amanhã – ao fim do meu pesadelo pessoal.

Permaneço em pé por volta de duas horas no canto da sala de guarda e esses soldados, esses aviadores, que não são policiais, se desinteressam totalmente de mim. Então, ideias loucas me atravessam os pensamentos: se eu saísse fingindo uma aparência natural? Conseguiria enganá-los? Mais uma vez, a paralisia não me deixa agir e permaneço no meu canto, indeciso e febril.

Finalmente, mandaram-me subir num carro militar e partimos rumo a um destino desconhecido. Não guardei nenhuma memória dessa viagem, estava encolhido, atormentado por mil arrependimentos, abalado em todos os sentidos.

Assim que o carro para, tenho a impressão de reconhecer o imóvel da Gestapo da avenida Foch, onde, há alguns meses, tinha ido com minha noiva para pedir a liberação da entrada do seu apartamento.

Fazem-me entrar em um belíssimo e vasto cômodo suntuosamente mobiliado e um SS[3] uniformizado me interroga:

"Então você tentou fugir? Quem você acha que é? Adestramos muitos outros, não apenas você. E sua mulher, onde está? Claro que você não sabe. Você está brigado com seu irmão. Deveríamos ter suposto. Engraçado todos esses conflitos familiares! Fica ali no canto de costas!

Nem em sonhos você imaginou o que te espera, mas você vai entender".

Todo esse interrogatório foi conduzido sem convicção. Apesar da informalidade e de alguns insultos "menores", tenho a impressão de entediar estes senhores, de não ser um caso sério.

---

3 *Schutzstaffel*, tropa de proteção, abreviada como SS. Trata-se da organização paramilitar ligada ao Partido Nazista e a Adolf Hitler na Alemanha Nazista. [N.T.]

Depois de uma hora de espera, levam-me para o pátio, sozinho, aliás. Devo esperar perto da guarita do soldado que, a pedido dos agentes, vai me levar... para onde? Neste momento, não sei.

Durante essa espera no pátio, tive uma nova surpresa: um rapaz moreno, cujo uniforme continha as letras SD (serviço de segurança do exército) na gola do casaco, se aproximou de mim e me chamou quase amigavelmente, perguntou sobre minha vida passada, meus estudos. Toda a sua atitude colaborou aparentemente para me encorajar novamente. Seu tom calmo e polido, totalmente oposto ao interrogatório pelo qual acabara de passar (não sei se ele o presenciou); sua atitude discreta e humana, isenta de qualquer hostilidade, de qualquer desprezo, foi para mim tanto uma surpresa quanto um real reconforto e, mais tarde, pensei muitas vezes nesse homem que tinha permanecido humano atrás do uniforme. Este será o último exemplar de homem civilizado que terei encontrado do lado em que eu estava agora.

Logo chegaram dois indivíduos bem diferentes, bem interessantes de ver em sua infâmia: um gordinho, moreno, de olhos inchados e semicerrados de malícia, com um sorriso apático e servil que não consegue desfazer na minha presença. É o elemento ativo da dupla. O outro é um gigante de figura equina, triste, desengonçado com suas vestimentas, não sabendo qual postura adotar, estúpido demais para o papel que lhe designaram, pois esses senhores têm um papel a interpretar: eles portam a estrela amarela. Esses senhores são judeus auxiliares da polícia alemã, encarregados no caso de me levar para o campo de Drancy. Na verdade, são indivíduos desprezíveis que são usados, dentre outras coisas, como isca para facilitar a prisão de seus correligionários. É a espécie mais odiosa do traidor, aquele que renega tudo, que venderia pai e mãe por covardia e não recua diante de tarefa alguma na esperança de salvar sua vida.

O baixinho atua com um tipo de falsa confiança, tenta elevar a voz, e depois, como se se assustasse com seu próprio tom, implora a mim, seu prisioneiro, que não tente fugir, apelando à minha "piedade": "Você não vai fugir, né? Você não vai fazer isso comigo, um pai de família, tenho mulher e filhos, e se você escapar, vamos sofrer represálias horríveis".

O outro não diz nada, está sobretudo aterrorizado por sua responsabilidade e incomodado no seu novíssimo papel de guardião de prisioneiro. A partir daí, os dois entram em um estado de agitação grotesca. O baixinho me diz: "Não te prendemos, mas você nos dá sua palavra de honra de não aproveitar disso para escapar da gente? Aliás, para onde você iria? Já imaginou as represálias que esperam por você e sua família? Você se dá conta do perigo que sua fuga significaria para sua família? Acredite em mim: fique conosco, é bem melhor para todo mundo!"

Neste momento, o sujeito alto se inclina em sua direção e sussurra em seu ouvido. O baixinho diz: "Aliás, talvez fosse mais prudente para todos atar suas mãos, assim você não terá tentações; infelizmente, não temos algemas à nossa disposição, mas vamos tentar achar algo", e assim ele sai para vasculhar nas salas do térreo. Depois de um certo tempo, ele volta com um pedaço de barbante e tenta amarrar minhas mãos, mas logo desiste: "O barbante é curto demais, você se livraria dele facilmente". O outro, por sua vez, parte procurar algo e volta com um fio elétrico flexível. Em um sobressalto de energia, ele me ordena que coloque as mãos atrás das costas e começa a amarrar o fio em torno dos meus punhos. "Vocês não vão me levar assim por toda Paris, isso beira a sandice!" "Desculpe-me senhor, você tem razão. Vamos tentar de outra maneira", e colocando minhas mãos para a frente, dão várias voltas com o fio elétrico em torno dos punhos. Tento deixá-los o mais afastados que posso para manter uma certa folga; fico bravo e dou uma bronca neles: "Vocês poderiam ser mais atenciosos, vejam como estão serrando meus punhos!"

Todo esse circo durou pelo menos meia hora. Estamos finalmente prontos e partimos, um pateta de cada lado. Eles aceitaram colocar um casaco em cima dos meus punhos atados para esconder o fio. Começa então minha travessia por Paris. Que caminhada! Que viagem fazemos por Paris! A cada passo, alemães nos espiam, nos observam; pelo menos é o que penso, o que corresponde ao meu estado de espírito.

Nossa viagem é um tanto turbulenta. O baixinho se pôs à minha direita e o grandalhão à minha esquerda. Andamos em linha reta em busca de uma entrada de metrô. Por fim, embrenhamo-nos na estação, entramos no metrô ao mesmo tempo, ficamos frente a frente como três companheiros, três amigos, e ninguém presta atenção em nós. Tinha enrolado cuidadosamente meus antebraços e minhas mãos no casaco.

Durante a primeira parte do trajeto, nada acontece. Furtivamente procuro à direita e à esquerda uma possibilidade de fuga, mas estamos presos na multidão e não há chance alguma de escapar da companhia deles. Quando as portas abrem, eles me vigiam e me apertam mais, não posso tentar nada.

Quando chegamos a uma baldeação, na estação Barbès-Rochechouart, perco uma oportunidade real, no momento sei disso, sinto, mas só percebi depois: quando repensava nesse episódio, isto me apertava dolorosamente o peito, pois perdi uma verdadeira ocasião de fugir, uma daquelas que acontecem excepcionalmente: deixamos a plataforma do metrô Barbès-Rochechouart por uma escada onde a multidão é densa. É uma estação extraordinária, a céu aberto, em todo o lugar as saídas me provocam, vejo possibilidades de fuga por todo lado, meu cérebro obedece, mas minhas pernas não, elas não funcionam. Tenho vontade de ir embora, acredito ser possível, um rápido empurrão e estes dois guardas improvisados, tímidos, quase inconsequentes, profundamente perturbados por sua missão atípica, não me perseguirão porque não sabem como lidar ou não poderão me pegar... mas perco essa chance única...

E agora? Pois bem, tudo segue sem problemas, tudo está em ordem. Mas fico transtornado como após uma terrível aventura. Minha tensão nervosa foi tão forte que não sinto mais nada, não penso em mais nada e me deixo levar sem reagir até o fim da nossa viagem.

Deixamos o metrô na estação Saint-Lazare e pegamos o trem. Na estação, as chances são realmente poucas: vejo o escritório do chefe da estação iluminado e cheio de alemães; há sentinelas em todos os lugares; as saídas da estação estão vigiadas, é preciso passar por controles em todo o lugar.

Acabou. E dessa vez é para valer. Debaixo das luzes azuladas da defesa passiva,[4] alguns viajantes estão em nosso compartimento, pessoas normais que demoraram nas suas ocupações habituais e que voltam aos seus lares. É meia-noite e tudo ao nosso redor é de uma calma enganosa. Então é isso, minha última viagem que se reveste de uma aparência de liberdade? De agora em diante, farei apenas deslocamentos de prisioneiro, sob a ameaça de fuzis, num calvário de dois anos ou quase.

---

4 O sistema de defesa passiva consiste na proteção das populações em situações de guerras. Criado nos anos 1930, agia para proteger os civis de bombardeios, entre outros ataques. [N.T.]

Prisão

Lembro-me confusamente de uma caminhada noturna a partir da estação de Bourget, numa madrugada muito escura perpassada aqui e ali por algumas luzes amareladas ao longo dos trilhos, da chegada ao campo de concentração, das formalidades da entrada com os guardas do campo adormecidos, com vozes pesadas de sono. Em seguida, a vasta "sala de revista" com suas lâmpadas nuas que iluminam com uma luz fraca amarelo-sujo os grandes cavaletes de madeira branca. Um responsável pelo campo se encarrega de mim e ao meu pedido (não havia comido nada desde manhã) busca um ovo que me oferece pedindo desculpas: "É só o que sobrou hoje". Estendo a mão e... o ovo cai e quebra no chão entre nós dois. Ele levanta os ombros com um meio sorriso de lamento e eu viro sem dar uma palavra, pois compreendi que o primeiro sofrimento físico acabava de se juntar aos meus tormentos morais.

Sou conduzido à prisão. O campo de Drancy era formado por um conjunto de prédios inacabados de muros e pisos brutos, com as vigas virgens de revestimento de gesso, o chão no contrapiso ainda em construção, sem assoalho. Esses prédios são edificados em retângulo em torno de um vasto pátio central, um dos lados é feito de torres muito mais elevadas que os outros prédios que não fazem parte do campo propriamente dito, mas onde se alojam os guardas itinerantes responsáveis pelo campo. No piso térreo ficam os serviços administrativos, a enfermaria e a prisão.

Essa última se distingue dos outros locais apenas por sua função e pelas pranchas de madeira que ladeiam as paredes. Depois da entrada, há um cômodo à esquerda que é a prisão das mulheres e, diante dela, uma sala mais ampla, com dois pilares retangulares dando de frente para a porta, é a prisão dos homens. Em algum lugar há uma lâmpada, mas não me lembro mais de sua localização. Lembro-me somente de uma vaga luz azulada que desenhava os contornos de uma dúzia de corpos deitados nas camas de concreto que ficavam em um plano inclinado, perpendicular à parede. À minha frente a escuridão é tão profunda que não noto o balde de excrementos no local.

O guarda da prisão me diz: "É aqui. Você tentou fugir no momento de sua prisão e permanecerá aqui até sua partida". Tudo isso me parece tão irreal, me sinto fora de mim... não é comigo que ele acaba de falar... Eu me deito entre duas sombras e em cima de uma prancha dura coberta por uma pequena camada de palha suja. Sinto partes do meu corpo sendo pressionadas em contato com a prancha inclinada. Nesta primeira noite no campo, a falta de conforto ainda não me preocupa, sou invadido por um turbilhão de arrependimentos, de preocupações pelos meus e de remorso por uma vida irremediavelmente desperdiçada que desejo que termine o mais rápido possível.

Somente na manhã seguinte verei meus camaradas de desgraça com suas sensíveis diferenças. Há um médico alemão, frequentador das prisões e campos nazistas, um veterano que passou temporadas em diferentes prisões na Alemanha e no sul da França. Há também um jovem parlamentar comunista que influenciará todos nós com sua calma, sua seriedade, sua experiência com prisões e sua gentileza sorridente. Jules, o gordinho, delinquente; Adolphe, jovem belga envolvido no tráfico do mercado ilegal; Lucien, jovem operário especializado, loiro e forte.

Acredito que éramos todos leigos se comparados ao médico alemão. Ele tem má fama entre os camaradas; as reputações se fazem misteriosamente nas prisões; alguém entre nós o conhecia de outro lugar? Um dos nossos guardas alemães havia feito alguma alusão nesse sentido? Ignoro, mas ele é suspeito de ser um delator e meus companheiros de detenção me alertam. Ele teria tal reputação apenas por ser de origem alemã? Aliás, ele se isola e passa o maior tempo possível debaixo de uma coberta cinza e grossa de sujeira. Seu aspecto físico: me impressionou fortemente um rosto com os olhos afundados em suas órbitas, totalmente inexpressivos, as pálpebras translúcidas pela magreza, bastante separadas e avermelhadas em volta, um nariz grande acima de uma boca desdentada, as bochechas ocas cobertas por tufos de pelos grisalhos, tudo coberto por uma sujeira espessa, as orelhas de abano completando esse aspecto de velhice prematura em um homem de 35 anos. É a própria imagem da resignação absoluta em um ser lúcido para quem os sucessivos espancamentos acabaram por colocá-lo nesse estado de torpor.

Para mim, ele representava um estado irreversível, sem esperança de sobrevivência em caso de libertação. Um dia, isso tinha sido um homem, agora era a vítima de uma degradação voluntariamente provocada por seus carrascos e eu não conseguia afastar o pensamento de que ele prefigurava o destino de cada um de nós.

Todos os outros são diferentes do médico alemão: deprimidos ou exuberantes, loucos ou bem-comportados, taciturnos ou chorões, cada um deles é um tipo representativo da humanidade, cada um reage à sua maneira a esses eventos fora do tempo da vida dos homens.

Jules é um durão, mais para falso durão, doce, emotivo e escandaloso, com o rosto largo e bronzeado, lábios carnudos, imensos e caídos que ele torce revirando os olhos em uma expressão dramática de desespero enquanto verdadeiras lágrimas correm de seus olhos; no minuto seguinte ele fica em uma pose imóvel, com as pernas cruzadas e explode de rir por conta de uma brincadeira que ele ouviu; depois, recuperado pelo ambiente do lugar, explode em imprecações e xingamentos em francês e em árabe. Reencontrarei Jules bem mais tarde, em outras circunstâncias, quando dará provas de uma grande bondade e de um inesgotável espírito de contador de histórias dos lugares mais sórdidos dos campos de concentração...

Há também Lucien, o gigante loiro, um falso bondoso, em busca de amizades por interesse. Ele também terá a ocasião de mostrar a sua verdadeira face de egoísta prudente, pronto para pegar uma boia de salvamento sem consideração por ninguém, um tipinho teimoso e ardiloso...

O Adolphinho, de apenas 18 anos, é filho de uma família burguesa que saiu do colégio para entrar com tudo no pântano do mercado ilegal que lhe fez deixar sua Bélgica natal e parar na prisão de Drancy. Ele também está abatido, sem esperanças...

Deixei para o final um belo personagem desse conjunto heterogêneo: Maurice, jovem combatente político, chefe das "Juventudes Comunistas", antigo deputado cujo humor estável, a segurança calma e a habilidade no cárcere foram para todos nós uma preciosa lição de comportamento. Esse homem habituado à luta clandestina, caído entre nós depois de um longo período na prisão, acostumado aos interrogatórios e conhecedor dos alemães melhor do que todos nós, nos aconselha, nos impõe um mínimo de organização, tem sempre uma palavra de esperança ou de consolo, nos ensina a disciplina e a economia de nossas energias. Foi ele quem me mostrou como roer os últimos vestígios de cartilagem de um fragmento de osso perdido na sopa, guardar porções de sopa e de pão, esconder os cigarros.

Também o reencontrarei mais tarde. Mas no fim o perderei de vista, depois de ele ter participado da organização de uma resistência rudimentar em um campo.

Minha primeira sopa na prisão é uma surpresa; tenho fome e observo: um balde fumegante é levado pelo guarda improvisado todo orgulhoso de sua autoridade momentânea. Dois prisioneiros se destacam do grupo, autonomeando-se ajudantes na distribuição: "Coloquem-se em fila, em silêncio, senão eu paro. Não quero que nos incomodem; estão vigiando a prisão e só procuram um motivo para se divertir. Vocês conhecem a maneira como se divertem conosco". Ele distribui conchas de um líquido no qual nadam raros fragmentos de batata não descascadas, folhas de couve, poucos pedaços de osso ou cartilagem, um pedacinho de carne. Apesar do sofrimento, do medo, do desconforto, do rosto dos outros, do odor, do balde de excrementos, tenho fome.

A espera

Tem sopa ao meio-dia, pão às seis horas e no intervalo as fofocas, as memórias, os falsos rumores, as falsas esperanças para preencher o vazio, para esquecer os ausentes. É imprescindível não pensar neles. Isso nos pega como um tipo de vertigem, uma pancada atrás da nuca, pensar naquilo que se acabou de deixar para trás, rever-se em sua casa com seus familiares dos quais se está separado, sem volta. É intolerável e há um só remédio, a distração: é preciso cantar, assobiar, conversar, discutir, mas sobretudo não pensar.

Existem contatos com o lado de fora: a porta da prisão dá de frente para o pátio do campo; o trancamento da cadeia não é rigoroso, a vigilância do responsável, um detento como nós, é bastante frouxa. Dessa forma, os contatos com os de fora são numerosos, embora clandestinos. Há também uma pequena janela com grade situada no alto e, estando no pátio, uma pessoa pode conversar em voz baixa conosco com a condição de não levantar a cabeça em direção à grade e de falar diante de si mesmo, mexendo discretamente os lábios.

Foi assim que pude ser notado por uma amiga de Myriam, que a conhecera no campo e que permaneceu lá após a libertação da minha mulher. Foi ela quem me conectou a uma corrente de detentos "de confiança", cujos elos evoluem em semiliberdade entre o campo e o exterior e fazem circular um correio clandestino e também comida. Nessa época, recebo diariamente um grande sanduíche com manteiga e salame pelo qual Myriam paga um preço exorbitante ao mensageiro.

Uma longa sequência de dias de medo se inicia com as chamadas quotidianas, propícias ao imprevisto, elemento desconhecido e preocupante no qual germina o cruel capricho do inimigo, o jogo de gato e rato. Logo ao despertar, uma angústia me aperta, similar ao medo em um dia de prova, mas mais potente e sutil, paralisante como um perigo iminente de morte. Essa angústia cresce até se tornar um tipo de mal-estar doloroso. Assim que o bruto do SS aparece com seu casaco amarrado com um cinto ajustado no seu barrigão e com o quepe de caveira, estamos todos imóveis, na posição militar de sentido, ninguém se mexe e o silêncio é total. O chefe alemão do dormitório anuncia os nomes, dá lentamente uma volta na sala, olha com desprezo para uma pessoa, ameaça outra.

Na minha primeira chamada, ele para na minha frente: "Você é o novo; você tem dinheiro?", "Tenho mil francos", "O que mais?", "Tenho três dólares". "O senhor tem dólares! O senhor conta com seus amigos americanos. O senhor se engana em contar com eles. Não estão nem aí para o senhor. Me dá esse dinheiro!" Eu lhe mostro as três notas. Pega o dinheiro na mão esquerda e me dá um soco no queixo com a direita. É uma sensação estranha, desconhecida para mim. Tenho a impressão de ter batido num móvel, estou sem dor; apalpo meu queixo, está levemente dolorido, nada demais. Segura o dinheiro americano entre dois dedos, o coloca no bolso da minha jaqueta, dá meia-volta e vai embora.

Fumamos na prisão. As piores sanções ameaçam os fumantes, mas todo mundo fuma, só que nos escondemos, prestamos atenção ao cheiro de tabaco, afastamos com a mão a mínima nuvem azulada que vai em direção à janela pela corrente de ar. Dissimulamos cuidadosamente as bitucas; o esconderijo preferido é em cima da porta, é anônimo e só pode levar a uma punição coletiva; debaixo dos colchões de palha é perigoso demais.

Fumamos os cigarros frequentemente de forma compartilhada, mas ninguém encosta em um cigarro deixado por um camarada, esperamos que ele o pegue de volta.

Isqueiros e fósforos são rigorosamente proibidos. Usamos um sistema comum nas prisões: num pedaço de madeira encaixamos uma pedra de isqueiro, na qual batemos com um prego, usando um fragmento de um tecido qualquer, ou *amadou*[5] quando disponível, mantendo-o bem próximo; as faíscas acabam incendiando o tecido. Não usamos nada que se pareça a um isqueiro ou a um pavio.

Os dias passam sem incidentes notáveis até o 14 de julho, quando assistimos a uma manifestação espetacular: os Aliados atacam na ocasião da nossa festa nacional, eles lançam uma operação psicológica à qual nós, presos, somos particularmente sensíveis. Logo nas primeiras explosões remotas, uma onda de murmúrios passa pelo campo inteiro e, então, ecos de gritos chegam até nós, rostos se viram para o céu portador da mensagem de esperança; em seguida, o ataque se aproxima, um estrondo ininterrupto agita o campo, o céu é de um azul profundo, a agitação está crescendo, os gritos surgem de toda parte, uma imensa esperança nos levanta, parece que é bem perto daqui. É o próprio campo que está sendo bombardeado; tomara que alvejem as cercas! Os alemães se escondem, não podemos de jeito algum perder essa oportunidade, ela é inesperada, é a liberdade que nos dá um sinal, acompanhamos as deflagrações...

Logo nos decepcionamos, é muito difícil. Os impactos se afastam, vários alemães chegam correndo do setor da administração, revólver em punho, estão pálidos e tensos, gritam ameaças com vozes roucas cujo teor exato nos escapa em razão do barulho e da distância. Rastros de fumaça passam por cima do campo e escutamos uma outra onda de explosões, muito mais afastadas, que não nos diz mais respeito. Tratava-se do

---

5 Substância inflamável presente na superfície de certos cogumelos. [N.T.]

bombardeio da estação do Bourget e de Villacoublay, prelúdio – infelizmente distante – da liberação.

O dia seguinte é um dia de represálias. Alguns pagaram caro pelos instantes de alegria e esperança. Então, conheço pela primeira vez os danos corporais: um grupo de detentos pratica "esportes", como dizem os alemães: na frente da prisão, cuja porta permanece escancarada para dar o exemplo, prostram-se ao comando na poeira, rastejam usando mãos e cotovelos, suando e arfando, com medo dos espancamentos que começam a se abater. Sob pontapés e surras de cintos pontuadas por exortações – *los, schnell, schneller*[6] – num tom muito agudo, rastejam em direção à prisão. Vemos as suas cabeças, rostos tensos, angustiados, vermelhos de congestão, cujas tonalidades se tornam perceptivelmente acinzentadas pela dupla ação do esgotamento e da poeira do chão. Continuam se rastejando e, então, levantam-se, deitam-se novamente no chão conforme as ordens; não acaba mais: os retardatários são espancados e caem sobre aqueles que, esgotados, permanecem parados e voltam a avançar em um inacreditável esforço dos seus corpos extenuados.

Tudo isso pareceria um jogo grotesco se as suas vidas não dependessem disso, se a própria sobrevivência desses homens não estivesse na balança. A duração desse exercício muito peculiar me parece infinita, mas os alemães se cansam e abandonam suas vítimas para pegá-las melhor em outra oportunidade.

Os dias continuam passando e diante da incapacidade de prever o que vai acontecer conosco, o desespero nos toma, pois o pressentimos em meio ao desespero e ao terror. Quando percebo que estou nas mãos de um inimigo mortal, bem mais poderoso e, certamente, obstinado em me destruir, uma espécie de vertigem

---

6 Em alemão: "Vamos! Rápido, mais rápido!" [N.T.]

me toma; estou numa engrenagem, numa mecânica cujo destino inevitável é a morte.

Não consigo mais contar esses dias remotos de medo e sofrimento moral; só alguns episódios salientes permaneceram na minha memória, os outros foram apagados, estão despercebidos. O que pode subsistir de um despertar sombrio, angustiado, de uma chamada matinal cheia de apreensão e medo dos espancamentos, do menor incidente, da fome tenaz, dessa sopa clara distribuída ao meio-dia, do cheiro do balde de excrementos que nunca nos deixa, da obsessão de todos os instantes?

Alguns momentos emergem da nebulosidade: fui interrogado primeiro pelos detentos delatores, introduzidos para nos espiar e que vestem a estrela amarela para acalmar a desconfiança; eles disfarçam mal suas condições de traidores. Nunca esquecerei a vinda do pequeno judeu moreno, o mesmo que tinha me levado da Gestapo até Drancy, um velho conhecido que se aproxima de mim com um sorriso cúmplice, primeiro me fala das derrotas alemãs e das nossas esperanças de libertação e, então, da minha mulher, como se ele se compadecesse da minha infelicidade, como se só desejasse meu bem e o bem dos meus próximos; em seguida, tenta me convencer da necessidade de trazer Myriam para o campo, para que nós não fiquemos separados em caso de deportação. Ele até tem a audácia de tentar me convencer de que os alemães se esforçam em reunir as famílias. Eu disfarço cuidadosamente a revolta e o desgosto que ele me inspira e aceno com um sorriso a todas as suas palavras. Acho que consegui fazer com que ele acreditasse no êxito total do seu trabalho preliminar, mas quando chega ao objetivo real de sua abordagem, perguntando-me o atual endereço da minha mulher, finjo demência, o tonto que não sabe de nada e nem pode saber de nada. Em vez de cuspir na cara dele, meu instinto de conservação me manda fingir a aflição de não poder trazê-la para junto de mim enquanto triunfo em ter obtido, pela própria boca daqueles que querem matá-la, a prova de que ela está salva.

Ele volta no dia seguinte e aumenta sua pressão: traz papel e caneta e dita uma carta, mas por sorte só me indica o contexto, sabendo que, redigida por um terceiro, ela seria de antemão um fracasso. Escrevo a carta de tal maneira que logo nas primeiras palavras desperto a atenção de Myriam, ela deve entender imediatamente que precisa fazer o contrário do que estou lhe pedindo e permanecer cuidadosamente escondida. Começo minha carta tratando-a de modo impessoal, como nunca tinha acontecido entre nós, chamando-a de *minha cara mulher*; tenho a certeza de que essa pequena frase é suficiente para que ela fique atenta e aja no sentido oposto dessa carta-armadilha. Nunca havia começado uma carta em termos que não fossem *minha querida* e aquele começo, um pouco pomposo e inusitado, deve cumprir seu papel. Então, exponho-lhe em algumas frases a vantagem de estarmos juntos, peço-lhe para se entregar às autoridades alemães e termino minha carta com essa frase inacreditável: "Espero que você confie, bem como eu, na honra do exército alemão". As palavras "bem como eu" são acrescentadas entre chaves na entrelinha! Minha astúcia funcionou, minha carta conseguiu passar, foi transmitida após o controle dos próprios alemães. Essa carta, de uma forte e óbvia ironia, passou, deu um sinal ao único ser cuja vida era preciosa para mim nesse momento e determinou a sua fuga e salvação.

Mas a busca continua e passa ao escalão superior: depois da carta, o interrogatório pelo próprio SS. Como a carta não surtiu efeito, aumentaram a pressão. Ele me chama e me manda ficar na entrada de sua sala, na frente da parede, em posição de sentido. Receio ter a cabeça batida contra a parede a qualquer momento e esses poucos minutos me parecem intermináveis, mas nada acontece. Ordena que entre em seu escritório, na frente da grande sala, senta-se e começa seu interrogatório enquanto manipula uma régua grossa, de aproximadamente um metro. Estou em pé diante da sua escrivaninha, o sol bate bem nos meus pés, através das grades de uma pequena janela retangular.

– Onde está sua mulher? – pergunta-me em alemão.
– Não sei.
– Claro... mas você a deixou quando foi pego.
– Ela fugiu quando o senhor me prendeu e, desde então, não sei nada sobre ela.
– Para onde ela foi?
– Não faço ideia.
– Claro!... No entanto, vocês tinham amigos, tinham endereços de amigos ou de parentes que você conheça?
– Os amigos e os parentes foram todos dispersados ou presos. Posso lhe dar um endereço, o dos primos da minha mulher, mas vocês o conhecem tão bem quanto eu, vocês os prenderam. Quanto aos amigos, todos deixaram Paris. Não há mais ninguém.
– ... E entre os parentes?
– Meu sogro, vocês o prenderam. Morreu em Compiègne. Minha sogra morava conosco, ela fugiu com minha mulher.
– Não é possível que você não conheça um endereço de refúgio para sua mulher.
– Como já lhe disse, não conheço!
– Nem de outros da família?
– Sim. Tenho um irmão.
– Onde ele está?
– Nós estamos brigados. Além disso, ignoro totalmente onde ele possa se esconder. Talvez vocês já o tenham prendido também.

– Isto não te interessa! Imbecil! Então, você confessa que ele está se escondendo? Vocês são todos iguais. É inacreditável a quantidade de gente com a qual vocês estão brigados desde que foram parar atrás das grades. Brigados com a família, de mal com os amigos. Todos os dias é a mesma história. É incrível o quanto vocês podem ser fingidos... Vai! Deita na cadeira!

Coloco-me atravessado na cadeira e ele bate nas minhas nádegas com a régua retangular, bem do alto e com todas as forças, se esbaforindo a cada batida. Os primeiros golpes são como choques secos, mal cortantes, depois tornam-se cada vez menos suportáveis: à medida que as reguadas atingem locais já batidos, a dor torna-se cada vez mais aguda. Mordo os lábios para não gritar, deixo-me escorregar pelo chão e me deito de bruços fingindo um desmaio. Bruscamente, ele me faz levantar e me envia para a prisão. Isso parou de diverti-lo, ficou entediado. O esforço físico o esgotou.

Não posso dizer que fui realmente torturado, não durou muito; esse deve ser o preço pela procura das famílias. Não sou uma caça importante, não o suficiente para desencadear sérias represálias, no estilo da banheira e de outros refinamentos.

Ao voltar para a prisão, os camaradas me recebem em posição de sentido. Estou arrasado pela tensão nervosa, minhas nádegas estão pesadas, como se estivessem atraídas pelo chão, tenho a impressão de ter defecado na calça, mas são minhas nádegas inchadas que a preenchem. Tenho a sensação de ter recebido o batismo do fogo, mas isso não tem nada de exaltante, sinto o vívido desejo de que tudo isso termine rápido. Caio de bruços sobre minha cama de palha e durmo rapidamente, um sono profundo que dura até o dia seguinte.

Mencionei anteriormente as relações com o lado de fora. Uma amiga de Myriam conhece um esquema que passa por um judeu do norte da África, cabelo crespo, moreno e esperto como uma raposa. Ele foi libertado porque sua mulher trabalha para os alemães e por ser pai de uma família numerosa. Designado para a limpeza do campo, saiu com passe livre. Ele representa o principal elo que me liga ao exterior e me traz cartas nas quais o desespero se esconde sob a ternura. Compartilho diariamente sanduíches com meu vizinho de cama que os aceita de bom grado sem contrapartida, alguém que, mais adiante, se mostrará indigno.

Alguns dias depois da minha chegada, tive direito a uma ducha para onde fomos levados em fila. A ducha quente é deliciosa e proporciona um relaxamento agradável. Voltando de lá, atravesso a enfermaria onde médicos, meus pares, com uma atitude soberba, trabalham em torno dos doentes. Encontro pessoas de fora da prisão que passeiam sob o sol do verão, multidão diversificada, uma parte da sociedade, aparentemente despreocupada. Notícias circulam no campo, às vezes verdadeiras, frequentemente falsas, condicionadas por esperanças descabidas.

Sem participar, assisto às negociações entre os "poderosos" do campo: chefes de dormitório ou de escada, vigias, médicos e outros. Uma luta silenciosa pela vida e pela morte acontece entre eles; quem se segurar o maior tempo possível é quem, por mais tempo, evitará ser deportado. É a obsessão permanente de todos nós. Ninguém conhece o destino, no entanto, todos temem o perigo. As pessoas falam de números: "Pedem mil e duzentos, mas talvez se satisfaçam com mil e cem. Na última vez, queriam mil, mas se contentaram com novecentos; e pensar que há seis meses só deportavam os estrangeiros, mas agora vale tudo, não fazem mais diferença, acabarão por ter todos nós... contanto que tudo acabe logo. Mas o que os americanos estão fazendo? Por que tanto tempo? Faz oito meses que eles estão lutando na Itália para ganhar um punhado de terras".

Aqueles que decidem estão apressados para inscrever um amigo de toda a vida nas listas de partida, contanto que tenham a vida salva momentaneamente. Lembro-me de uma longa espera em uma fila na frente do escritório do campo, onde tinha sido levado sob vigilância em vista de minha inscrição na lista fatal. Passei por um interrogatório conduzido por funcionários escrupulosos, mas tudo isso só faz acentuar a impressão assustadora de um simulacro de vida normal. Atravesso todos esses episódios como um sonâmbulo.

Minha dormência moral é, no entanto, violentamente perturbada por um novo evento: numa manhã, depois da chamada, poucos dias antes da minha partida definitiva, sou chamado pelo soldado que me diz: "Estão te chamando. Prepare-se. Coloque seu casaco". Sou levado à porta do campo e convidado, educadamente – sim, educadamente, mesmo que tivesse esquecido o que isso significava! –, a subir em um carro escuro, onde três SS entram ao mesmo tempo que eu. Duas caras brutas e um rapaz, bastante bonito e elegante, bem moreno. Mais tarde, saberei que se tratava de Aloïs Brunner, autor de centenas de milhares de deportações, de inumeráveis torturas. Ele me dá a honra de cuidar de mim pessoalmente. Naquele dia, acho que ele teve vontade de fazer um passeio pelo interior, pois me leva para minha casa. Faço uma viagem que me relaxa em certa medida, mas que representa ao mesmo tempo um tormento indizível: quanta tristeza me toma quando atravesso Paris dessa maneira e sou levado em seguida para o subúrbio por caminhos familiares! Passo pelo vilarejo de Bièvres, onde descubro, 20 dias depois de minha captura, duros vestígios de bombardeios do campo de Villacoublay do 14 de julho!

Levam-me de volta para casa sob o sol radiante de fim de julho. Revejo minha casa, meu jardim abandonado, invadido por matos que cresceram em três semanas. Os alemães se dedicam a um jogo estranho, executado sem convicção e destinado a atrair os vizinhos; é um tipo de balé de boas relações que eles organizam em torno de mim para deixar eventuais espectadores confiantes. Léontine, minha fiel governanta bretã, vem ver o que está acontecendo e tentam extorquir dela o endereço da minha mulher. Léontine é baixinha e muito gorda, tem uma cara de porcelana chinesa ou de cão pequinês, com dois olhos salientes e inexpressivos; ela pode parecer estúpida e não faz nada para desmentir essa impressão, o que faz com que a deixem depois de alguns minutos de interrogatório ao longo do qual ela se faz passar realmente por idiota; apesar do meu tormento moral, tiro proveito dessa expedição: abusando da atitude deles de falsa irmandade, forçando um pouco o jogo, peço a Brunner permissão para colher ameixas da minha árvore e colocá-las no bolso, o que constituiu uma reserva preciosa de frutas por vários dias.

Não tendo obtido as informações que esperavam, tentam levar meu carro, mas o tanque de gasolina está vazio. A sequência de acontecimentos é espantosa: tenho a impressão de que eles querem aproveitar de uma tarde na natureza, matar a vontade de piquenique. Os soldados estão caídos e sonolentos; Brunner mal me insultou, ele me chama de aborteiro, ao que retruco dizendo que se praticasse abortos clandestinos, não moraria em um medíocre sobrado de subúrbio. Em busca de gasolina, partimos todos para Palaiseau. Na frente do posto, me pedem para descer do carro – sozinho! – e ir buscar gasolina com um galão de cinco litros. Dessa vez, compreendi e busco desesperadamente uma ocasião para escapar deles. Bato na porta do escritório do posto, depois fico na entrada e a proprietária do lugar me encontra no pátio. Meu coração dispara; notei uma porta no final do pátio que dá para outra rua; levanto a trava, mas a porta está trancada e a moça não está com a chave... já era; esperar ainda mais chamaria a atenção e volto conformado para a entrada onde a moça enche o galão na bomba; poderia ter contornado a esquina com meu galão vazio na mão e escapado, me perder pelas ruelas da cidade antes que eles tivessem tempo de soar o alerta, mas perdi também essa oportunidade, o que será por muito tempo a obsessão dos meus dias e noites.

Voltamos para minha casa com o galão de gasolina, eles ligam o meu carro e retornamos em comboio para Drancy; entendi que esse retorno era definitivo. Espantosa empreitada, durante a qual não fui agredido nem empurrado, pouco insultado. Se eles se comportaram quase humanamente, acredito ter sido por preguiça. Mas para que se cansar? Dois dias depois, aconteceu a partida.

Sem volta

Sabemos há alguns dias que a partida é iminente. O próprio Brunner, o monstro, tinha me dito: "Inútil tomar outras medidas, você vai embora em poucos dias".

Desde a noite anterior estamos cientes: o rumor tinha se espalhado, sem que se soubesse de onde nem como. Um dos médicos da enfermaria vem me oferecer seu apoio. É nos seus olhos compassivos que meço a imensidão da minha aflição, cuja própria percepção não tenho mais. Só sinto um profundo sofrimento silencioso e uma ladainha se repete na minha cabeça: "Você vai partir para sempre, sua morte é certa. Tudo que você viveu, sua jovem felicidade, seus queridos livros, fazem parte de um passado irremediavelmente perdido".

Uma esperança ilusória se mantém em mim, mas logo ela será destruída, estou mesmo nessa fornada. Somos uma dezena na prisão e todos devemos partir no mesmo comboio. Maurice está corajoso e sorridente, sempre com o mesmo humor; o triste e monótono cantarolar de Lucien ressoa no meu ouvido; o pequeno belga está perdido, olhos inexpressivos; Raoul é o mais adorável dos camaradas e ainda consegue encontrar uma palavra para nos fazer rir; um outro ainda, um bandidinho, não muito valente, está perdendo a coragem, choraminga; Wein não abre a boca, ele está sério e com uma palidez mortal; dos demais, esqueci.

Uma moça e um menino são encarregados de nos abastecer. Da escada de partida, onde a comida foi distribuída, eles trazem um pão inteiro, queijo e um pedaço de carne para cada um de nós (copo de rum e cigarro?). Estou com fome, mas nessa noite a comida não me interessa. Tento dormir sem tirar a roupa e afundo num sono agitado, cortado por despertares prolongados.

Depois das duas horas da manhã, não durmo mais. Espero o nascer do dia que começa por volta das três e meia. As bagagens estão prontas.

Escutamos ao longe o ronco dos ônibus parisienses. Pego meus pertences e os revisto: minha mala grande muito pesada, minha mochila, a pequena maleta, o saco de dormir, a cesta de alimentos. Saímos da prisão às quatro horas e chegamos por último na praça. Somos os párias, todos os outros viajantes foram alinhados antes de nós. Mulheres e crianças choram. Não se vê um sorriso, não se ouve uma palavra. Os alemães estão ali. Levantaram-se cedo para se deleitarem.

Estou imensamente triste, um véu preto de desespero cobre o sol nascente; subjacente a essa tristeza, uma pequena satisfação instintiva de ter deixado a prisão fedorenta, de respirar ao ar livre.

Eles nos alinham em fileiras de cinco – mais adiante, reconhecerei bem esse comando "fileiras de cinco" em todas as línguas da Europa –, os grupos se formam lentamente, um para cada ônibus; os homens dos serviços do campo empilham as malas nos bagageiros e, então, as pessoas sobem ao serem chamadas pelo nome. Pacotes de todas as cores, tamanhos e formas constituem uma grande pilha diversificada na traseira da condução. Os funcionários judeus do campo são atarefados e esforçados, mal escondem a alegria em fazer parte daqueles que ficam.

Luto contra o desânimo pensando em todos os sofrimentos similares aos meus que Myriam viveu alguns meses antes de mim. Ela havia sido salva um pouco antes de ser deportada e agora sou eu quem a deixa para o desconhecido. É uma partida sem volta que começa aqui, mas apesar do horror, sinto uma espécie de curiosidade, um desejo de ver e observar; ter conseguido manter uma certa distância em relação a meu próprio sofrimento me ajudará muito a percorrer o longo caminho que está começando.

Quando estou para subir no ônibus, Brunner se aproxima de mim para me pedir o documento do carro. Essa vontade de se manter administrativamente correto me parece uma incongruência da parte de alguém que tem direito de vida e morte sobre mim. Para esse burocrata da morte violenta, é melhor estar em posse do documento de um carro roubado no exato momento em que seu proprietário está sendo mandado para a morte!

O ônibus sai lentamente do campo por um portão oposto ao principal e atravessa as largas avenidas do subúrbio, tão familiares, desertas nessa hora matinal. Dou uma olhada em direção ao bagageiro, mas ele está inacessível; é inútil tentar fugir e agora, para levar comigo a imagem das casas, observo-as meio mergulhadas na neblina da manhã, tão próximas e distantes.

Partimos de Bobigny, a estação de Bourget havia sido bombardeada em 14 de julho. Agora conhecerei o terrível trem da morte, cujos horrores eu tinha ouvido murmúrios no campo. Ele é constituído por mais de vinte vagões de transporte de gado, de chão bruto. Amontoam-nos em cinquenta e cinco e subo num vagão misto onde o trabalho, bem-vindo para me atordoar, já me espera. Ajudo a instalar uma mulher retorcida no sofrimento de uma cólica hepática. Na falta de remédios, proporciono-lhe boas palavras de consolação e contribuo com outros a posicionar as mulheres e as crianças.

Por ter tentado escapar no momento da minha prisão, ao sair da cadeia, sou identificado como elemento perigoso. Três vezes recebo a ordem para mudar de vagão e subir em outro de homens sozinhos. Obedeço apenas na terceira vez e exijo um portador para minhas bagagens. Os SS ficam furiosos, mas aceitam. Meu carro, ligado a tantas memórias dos últimos anos, está na plataforma de embarque, Brunner me faz a honra de usá-lo pessoalmente.

No meio tempo o sol já nasceu e faz um calor esmagador. As duas janelas minúsculas do vagão estão tapadas com tábuas pregadas; após longos gritos e protestos, as tábuas são substituídas por fios de arame farpado. Dois baldes cheios d'água são colocados em cada vagão. Depois de esvaziados, serão usados como recipientes de excrementos durante a viagem toda.

A tropa chega. São uns 30 policiais alemães equipados com uma profusão de armas automáticas. O trem entra em movimento. Estamos sentados no chão ou em cima das nossas malas. Nossas bolsas e pochetes estão penduradas nos pregos ao longo das paredes. O ar é irrespirável e sufoco de tanto calor. As janelas são inacessíveis, pencas de cabeças estão aglomeradas. De vez em quando consigo avistar uma paisagem de subúrbio que desfila lentamente. Em pouco tempo, o trem ganha velocidade, o vagão balança no ritmo dos choques das rodas sobre os trilhos e essa oscilação me projeta numa cadência contra a parede. Nossas bolsas, assim como as paredes, batem num ruído abafado, no mesmo ritmo. Esses movimentos e ruídos pendulares impedem qualquer descanso.

Um grupo de jovens preparou tudo prevendo uma fuga: serra, lixa, machadinhas. Eles iniciam o trabalho, mas progridem lentamente, enquanto outros protestam e ameaçam avisar os sentinelas; acabam desistindo, pois devemos estar na Alemanha ao cair da noite, e lá já não há chances.

Eu rabisco com um lápis um último bilhete aos cuidados da minha mulher, que um camarada atira entre os trilhos, pela janela, com vários outros. Noto que um dos policiais do trem desceu para recolher os bilhetes. Saberei depois da minha volta que Myriam recebeu minha mensagem, encaminhada por um trabalhador ferroviário.[7] Chegamos em Metz à noite. Desembarco

---

7 O bilhete original ainda se encontra com a família de Fred Sedel.

com um policial para limpar um balde e enchê-lo d'água. Ele anda na minha frente sem se virar e tenho uma vontade louca de pôr lentamente o balde entre os trilhos e me perder na estação mal-iluminada. Minhas pernas não me obedecem e desisto sob o pretexto de estar vestido com uma simples camisa.

Tento adormecer sentado em cima da minha mala, mas a noite será interminável; será a única noite da viagem e terei dormido pouco. No dia seguinte estamos na Alemanha: passamos perto das cidades e ficamos decepcionados pelos danos serem mínimos, há pouquíssimas ruínas. O som grave, lúgubre das locomotivas alemãs nos acompanha e me deixará obcecado a partir de então. Em todas as máquinas alemãs e nos muros das estações, grandes painéis anunciam o slogan: "As rodas devem girar pela vitória".

Apesar da certeza da derrota alemã, com a qual deixamos a França, o aspecto dessa Alemanha engessada no seu esforço de guerra e as cidades quase intactas me enchem de tristeza. Qual será a nossa chance nessa corrida trágica na escala mundial?

Os baldes de excrementos transbordam num fedor espantoso entre as malas e os cobertores. Não estou com fome: abro uma lata de sardinhas, mas minha garganta está seca, ardendo, não consigo engolir nada.

O trem para uma vez, em trilhos um pouco afastados da estação de Leipzig. Os vagões são abertos e podemos respirar e nos abastecer com água fresca.

De Leipzig, o trem não para mais e chegamos no pôr do sol. O trem desacelera, executa algumas manobras e então para. As portas são abertas por fora e entramos diretamente no inferno.

Anonimato

Assim que as portas abrem, escutamos gritos de ordens de todo lugar. Uma horda de detentos muito musculosos, cabeças raspadas e com roupas de listras azuis e cinza invadem os vagões. "Desçam! Rápido! Não peguem suas bagagens! Deixem tudo e venham para as plataformas!" Essas ordens são pontuadas por empurrões.

Descemos em uma praça coberta de poeira; é um quadrilátero quase regular que lembra uma quadra esportiva. Nas margens do terreno, diante de nós, noto a presença de grupos de SS armados com metralhadoras pesadas. Uma cena apocalíptica começa no vermelhar do pôr do sol de verão, nas ondas de poeira brilhante: equipes de jovens SS armados com cassetetes entram gritando nos vagões e expulsam todo mundo distribuindo pancadas e gritos selvagens.

Muitos caminhões esperam em um dos lados mais estreitos do retângulo, ao lado deles vê-se uma ambulância, e no meio do terreno há um grupo de oficiais de botas, cintos, elegantes com a insígnia de caveira dos SS em seus quepes. São eles que fazem a "seleção": mulheres, homens idosos e crianças são empurrados para os caminhões nos quais sobem sob terríveis espancamentos. Gritos preenchem a atmosfera. Uma mulher tenta cobrir seu filho com seu corpo, chovem golpes em seus ombros e cabeça para que ela o solte. Todos são estreitamente amontoados no fundo dos caminhões, como uma mercadoria. Uma corrente bloqueia as caçambas dos caminhões para os impedir de transbordar. Aqueles que tentam levar suas bagagens na mão são espancados e suas bolsas arrancadas brutalmente. Os mortos, os doentes e os agonizantes são transportados em cobertores e jogados aos montes ao lado dos caminhões.

Alguns eleitos são enviados à direita e dispostos em fileiras de cinco, são sobreviventes provisórios que irão para o trabalho forçado. Homens idosos são enviados para a coluna da esquerda, irão a pé para a câmara de gás, com todos aqueles dos caminhões que serão imediatamente mortos e queimados nos crematórios, como eu não demoraria a saber. Os SS chamam médicos, farmacêuticos e químicos, a profissão lhes salvará – momentaneamente – a vida.

Tudo isso aconteceu em um ritmo muito rápido. O calor, o desconforto da viagem e o inferno da chegada me atormentam profundamente, mas não tenho tempo algum de pensar nisso. Somos cerca de duzentos e cinquenta, do total de mil pessoas transportadas, encaminhados a pé e em fileiras lotadas em direção ao campo, escoltados pela primeira vez por sentinelas vestidos de verde. Enfiei nos meus bolsos alguns cigarros e pedaços de açúcar. O restante dos meus pertences – ternos, roupas de lã, casacos, saco de dormir – permaneceu no vagão. O campo fica a dois quilômetros do trem; encontramos filas de detentos por todo lado, com uniformes listrados, vigiados por SS armados. Estamos em Auschwitz, centro de deportação da Alta Silésia, um imenso conjunto de campos de extermínio chamados por eufemismo: "campos de trabalho".

Chegamos na entrada do campo principal; na frente da porta há um barracão de madeira com balcões, é o posto de guarda. Cruzamos um portão de ferro, acima uma placa em forma de arco que carrega em letras grossas a inscrição *Arbeit macht frei* – o trabalho liberta –, prova do cinismo nazista que os próprios chamam de "artimanha nórdica".

À direita e à esquerda do portão alinham-se duas fileiras de postes de concreto cujas extremidades no alto são curvadas em direção ao campo. Fios de ferro são regularmente suspensos à mesma distância, bem esticados em isoladores de porcelana. Uma faixa de grama bem verde, com dois metros de largura, bem conservada, separa as duas linhas. A aproximadamente três metros dessa dupla fileira de postes, há um muro de proteção pintado de branco e, mais longe ainda, pequenos cavaletes de madeira com placas de caveira com a inscrição: "Atenção, perigo de morte, alta tensão!", e nesse mesmo corredor, uma série de miradouros com metralhadoras, holofotes, sentinelas armados com fuzis. Esse excesso de precaução sugere a inutilidade de qualquer intenção de fuga.

O campo é limpo e todo o seu horror é cuidadosamente camuflado. Os pavilhões são organizados em fileiras de sobrados de alvenaria e tijolos vermelhos com potes de gerânios nas janelas. Os caminhos bem retos entre essas casas são muito limpos, cobertos por cascalho branco. Apesar desse aspecto elegante, não podemos nos enganar: cruzamos por todo lado detentos, em filas ou isolados, cabeças raspadas aparecem entre os potes de gerânio.

Um *Kapo*, um chefe-detento, se encarrega de nós. Ele nos coloca em linha diante de um dos prédios, sempre em fileira de cinco e nos manda fazer durante uma hora movimentos sem sentido algum, debaixo de gritos e surras: avançar, recuar, sentar, levantar, dar meia-volta, voltar para trás; somente depois ele nos alinha para o que vem em seguida.

Não sinto fome, mas a sede é torturante. Sempre em fila de cinco, entramos em uma grande sala com duas linhas de cubas metálicas e passamos diante de uma mesa comprida de madeira branca, coberta com cestos de vime, nos quais devemos colocar o conteúdo de nossos bolsos. Na entrada da sala, enfio – ingenuamente – meu relógio na mão de um detento do serviço de ordem. Diante do cesto, pergunto se posso ficar com minha caneta e alguns pequenos objetos. Obtenho autorização e fico tocado por tamanha gentileza. Depois de alguns instantes, eis-nos novamente enfileirados na frente da porta e, sob um breve comando, nos despimos completamente; adeus caneta, adeus aliança! Mas para que essa encenação?

É a primeira vez que estou diante dessa chacota humilhante, essa alegria em prejudicar que se traduz um pouco pelo termo alemão *Schadenfreude*. Aqui tudo será apenas fachada e mentira destinadas a mascarar a única verdade: a grande matança selvagem e sistemática, a única verdade nesse país da ilusão.

Como encontrar uma explicação para esse comportamento na escala humana? Ser privado de seus objetos pessoais é deprimente, assim como nos fazer passar por duas revistas ao invés de nos despir de uma vez. Nada é simples aqui, tudo é feito em busca de uma sistemática e sádica humilhação. Fazem você sentir de todas as maneiras que não é mais um homem, que não tem mais vontade própria, que não pode se apossar de objeto algum, apenas a tua pele te pertence, pelo menos enquanto aguentar conservá-la lutando palmo a palmo por sua sobrevivência.

Esse sistema destinado a rebaixar as almas e a aniquilar todo sentimento humano sempre me encheu de espanto e de uma profunda tristeza. Sensível ao sofrimento físico, contudo, resisti bem, nunca cedi às tentativas de chantagem moral e sempre registrei com satisfação o fracasso de todos os ataques contra a minha "fortaleza interior". Será que isso me ajudou a suportar? Se sim, em que medida? Perguntas para as quais não tenho resposta. Fala-se frequentemente do "ânimo" do prisioneiro, mas não é que vi morrer muito rapidamente certo camarada de moral elevado que nos encorajava com sua atitude combativa e otimista? É certo que a resistência física é primordial, mas ela não tem influência alguma no desencadear dos acontecimentos.

Tigelas com um líquido preto e quente circulam de mão em mão na sala de recepção entre os caldeirões onde ele é preparado. Experimentei, depois disso, bebidas de diversos gostos, mas nunca pude comparar esse aroma com uma infusão conhecida. Acredito que era um cozido de folhas de árvores, das mais fáceis de se colher, o que dava um líquido amargo e áspero. Mas tínhamos muita sede e isso pareceu bom apesar da ausência de açúcar ou de qualquer adoçante.

Passamos em seguida à tosquia dos pés à cabeça, operação bastante penosa, feita às pressas com máquinas de cortar cabelo muito ruins. Em seguida, passamos por uma última revista, ocasião em que eles procuram os últimos objetos pessoais que nos restam na boca, entre os dedos do pé, nos cintos e sapatos. Apesar da inspeção minuciosa, consigo passar duas fotos da minha mulher na ponta de um sapato. Chovem pancadas, fico aliviado quando tudo isso termina. Outros conseguem passar joias e até mesmo notas de dinheiro apesar da permanente ameaça.

Passamos, então, a uma imensa sala em cujo teto se espalham chuveiros. Depois daquela longa viagem na forte onda de calor, a ducha nos revigora. Em seguida, vem a vestimenta: nos distribuem roupas. Na verdade, nos jogam um monte de trapos, independentemente do tamanho, da largura. Pego uma camisa, uma ceroula longa bem grossa de flanela listrada de azul e cinza, uma bermuda, um casaco com a manga quase solta, do qual cuidarei apesar dos buracos e retalhos, pois é um tecido para o inverno. Tenho também duas meias de lã sem par, grosseiras e totalmente remendadas, uma boina listrada e um cinto: são meus pertences definitivos. Guardo apenas meus sapatos.

Passamos essa primeira noite na sala de chuveiros, deitados no chão debaixo das duchas que gotejam a noite toda, mas como estamos esgotados, pegamos no sono rapidamente.

Durante todas essas operações desde nossa chegada ao campo, nenhum alemão interveio, tudo foi feito pelos detentos "de confiança", até mesmo os espancamentos. É uma das características do sistema de concentração, desencarregar-se do poder por delegação.

Na manhã seguinte, somos acordados pelo som do gongo, o primeiro de uma longa série; de agora em diante me levantarei com o sol ou até mesmo antes do amanhecer, habitualmente às quatro e meia da manhã. Dormi todo vestido. Fico pronto rapidamente. Somos imediatamente colocados em colunas e fileiras de cinco e permanecemos do lado de fora, de pé, imóveis, durante longas horas, vigiados por veteranos. A espera é interminável e absurda. De vez em quando, podemos nos sentar durante alguns instantes, mas é proibido deixar as fileiras, até mesmo para fazer as necessidades. Isso dura horas, primeiramente, sob o frescor da manhã, depois, sob o sol escaldante.

Durante essa espera, me informo com um veterano sobre o significado de diversos triângulos costurados nas jaquetas. Nem um pouco agressivo, ele me explica: os vermelhos, predominantes, são presos políticos, adversários do nazismo; os verdes, presos comuns; os pretos, sabotadores, "associais"; os rosa, homossexuais; por fim, os violeta, contrários ao serviço militar ou membros de uma seita religiosa.

É justamente um desses últimos que nos vigia, aproveitando a ocasião para fazer um discurso sussurrado de propaganda. Não sei mais de qual seita ele dizia pertencer, não dei muita atenção à sua interpretação pessoal da Santíssima Trindade.

Por volta das dez horas da manhã, as mesas se alinham diante de nós na alameda central. Em cada uma delas, um secretário e um tatuador são instalados. Desfilamos lentamente enquanto o primeiro preenche uma ficha de estado civil e o segundo nos inscreve um número de ordem sobre o antebraço esquerdo com um triângulo abaixo. É um pouco doloroso, mas dói ainda mais por dentro: é a extinção do estado civil, a erradicação da classe dos vivos, a condenação sem apelação. Mas houve em algum lugar, no Leste, uma vitória em Stalingrado, seguida de outras vitórias. Uma luz de esperança desta chama que não cessará de crescer apesar da quantidade de infâmia e de destruição.

Ficamos uma hora a mais de pé sob o sol até a hora do almoço. Ainda não estamos famintos. No entanto, com apetite, tomo o litro de sopa espessa de cevada acrescentada de uma folha de couve, na qual pensarei com frequência quando a qualidade baixar progressivamente. Pego minha boina listrada cheia de batatas cozidas com casca. Essa preciosa refeição do meio-dia me satisfez.

Depois de um curto repouso, levam-nos até a porta do campo, de onde devemos partir, dizem, para um ótimo campo de trabalho, mas após uma nova espera prolongada no sol, eles nos trazem de volta ao campo e tomamos a porção da noite: um quarto de pão preto e um pedaço de margarina, uma tigela de "chá" amargo. Mordo diretamente a margarina e como meu pão inteiro. Na manhã seguinte, deixamos Auschwitz para um destino desconhecido. Passamos a noite no sótão, na poeira do chão, em uma atmosfera confinada, sufocante.

O tempo dos faraós

Sentinelas nos colocam amontoados nos caminhões e nos obrigam a sentar no chão, sob ameaças e espancamentos, com joelhos elevados até o queixo para ocupar o menor espaço possível. Tenho a sorte de estar em uma caçamba aberta, o outro caminhão está coberto com uma lona; a compressão não basta, após várias tentativas, eles nos concedem um terceiro caminhão.

Imediatamente vêm os comentários: algo mudou, eles não ousam mais nos destratar, têm medo de nos amontoar... Haverá, infelizmente, várias retaliações, e apesar de alguns sinais de melhora, a crueldade dos nossos inimigos se manifestará sob diversas formas até o fim.

Partimos. Levanto-me e permaneço de pé no caminhão para observar paisagens e vilarejos fora de alcance e que vejo, provavelmente, pela última vez.

Depois de um trajeto, cuja duração não percebo, chegamos no campo de Jaworzno, que se situa à margem de uma estrada. Noto ao longe um pequeno conjunto de casas, mas o vilarejo não é visível daqui; é um campo recente, cercado por arames farpados não eletrificados, constituído ao todo por quatorze barracões de madeira e uma cozinha, sem construções em alvenaria. O chão é feito de areia, não há nenhuma rua no campo, só areia fina que chega até os tornozelos. É um retângulo regular com outro portão em frente ao principal. À esquerda do campo, há um morro arenoso onde obras de terraplanagem estão em andamento.

Tudo isso vai mudar progressivamente durante minha permanência, o campo vai ser edificado com o sangue daqueles que sofrem e morrem aqui. É nesse campo que passarei os cinco meses mais aterrorizantes da minha existência, que viverei a aproximação insidiosa de uma morte que me parece inevitável; é aqui que conhecerei pela primeira vez a fome, o frio, a falta de sono, os espancamentos e o trabalho forçado, duro demais para mim.

Todos esses fatores somados a uma falta total de higiene e cuidados, acabam rapidamente com um ser humano, por maior que seja a sua solidez e apesar das reservas de energia que ele possui. Oficialmente é um campo de trabalho, mas a realidade é outra: é um campo de extermínio sistemático por todos os meios, o campo da morte lenta. Pouco importa aos nossos opressores substituir duzentos mortos por recém-chegados, desde que o número se mantenha constante; todos os fatores citados convergem para esse resultado, os cuidados médicos são fictícios e os camaradas caem por todos os lados, espancados, fuzilados, ou simplesmente por esgotamento, ao longo de dias de terror e desespero.

Somos alinhados de dois em dois, faz muito calor, estamos desidratados pelos dias de viagem e a permanência no campo principal, onde só recebemos alguns goles de infusão amarga e onde placas advertem sobre a água: "cuidado, água poluída, perigo de epidemia!". No entanto, como fiquei sabendo depois, os veteranos a bebiam tranquilamente e sem nenhum dano. Isso fazia parte dos tormentos sabiamente calculados.

Abaixamos as calças para a "revista dos piolhos", rito obrigatório em todos os campos; alguns veteranos têm pena de nós e nos trazem bacias cheias de água, cuja aproximação provoca brigas; as fileiras se desfazem e a areia acaba bebendo a maior parte dessa água preciosa; o enfermeiro SS tem muito trabalho para manter a ordem, sua atitude é correta, quase polida: ele nos deixa beber e solta palavras surpreendentes vindas de sua boca: "Os judeus também são seres humanos!". Não se esperava tanto.

O regime de fome começa: daqui por diante teremos todos os dias uma sopa bastante espessa feita de batatas, rutabagas, cevada e uma matéria gordurosa indefinível; os legumes não são descascados nem lavados, em um litro de sopa, sobra um bom punhado de cascas, terra e pedras; não há tigelas individuais, não há quantidade suficiente, as que são reutilizadas contêm as sobras da refeição anterior; no início, ainda deixamos as cascas, mais tarde ninguém ficará enojado e os fundos das tigelas acharão seus interessados.

Neste campo a sopa é servida ao meio-dia e o pão à noite, após a volta dos *Kommandos*[8] exteriores; fazemos uma fila interminável para a distribuição do pão, onde diversos meios de controle são usados: lista de checagem, chamada por números, chamada por nomes; às vezes formamos uma fila ao longo do Bloco, do lado de fora, e recebemos o pão na entrada, com a proibição de sair novamente. Essa longa espera sempre é acompanhada de empurrões, gritos e açoites, essa horda faminta perdeu toda educação. Chegamos exaustos de fome e cansaço em frente à mesa onde as rações estão todas prontas: um terço de bola de pão preto e uma porção do alimento do dia.

São as três autoridades do Bloco que distribuem as porções: o *Blockaeltester* ou chefe de barracão, o *Schreiber* ou secretário e o *Stubendienst* ou homem de tarefa; este último é geralmente um bruto analfabeto mais hábil com a vara do que com a vassoura. Esses três "funcionários" são bastante invejados, são eles que recebem nossa comida na cozinha e preparam as porções. Diminuindo as quantidades, eles se servem generosamente e ainda sobra para trocarem por outros insumos. Beneficiam-se, assim, de uma quantidade de calorias suficiente e não emagrecem; no entanto, a condição de responsáveis os expõe, frequentemente, a sérios problemas.

---

8 Grupos de detentos trabalhadores nos campos de concentração e extermínio. [N.T.]

Voltemos à ração da noite: um terço de bola de pão preto – pão só no nome, não deve conter trigo –, um pedaço de margarina ou uma fatia de salame *ersatz* (imitação de péssima qualidade), um pedaço de queijo de má qualidade, uma meia colherada de "marmelada" de beterraba açucareira tingida de vermelho, que arranha a garganta e causa erupções. Uma infusão amarga conclui o "menu" da noite e, muitas vezes, preferimos nos deitar em vez de esperar com o copo na mão.

Nossa chegada ao campo de Jaworzno é seguida de alguns dias toleráveis: faz muito calor, mas temos um Bloco novinho para nós; dormimos diretamente no assoalho, mas ele cheira bem, à madeira fresca, temos um cobertor recém-saído da estufa de desinfecção e travesseiros de papel recheados de resíduos de serragem.

Depois de alguns dias, teremos colchões feitos do mesmo material, mas apenas um para dois e precisaremos prestar atenção para permanecer com nossos pertences.

Enquanto nosso grupo não estiver reduzido demais, ficaremos nesse barracão. Ainda não trabalhamos regularmente, mas alguns homens são levados para as tarefas do campo, das quais tentamos escapar permanecendo no banheiro. Sofremos somente com a fome, as noites são amenas e conversamos tristemente de colchão em colchão na luz do sol poente. Durante as primeiras semanas, o tempo é muito bom e faz calor, é o famoso "outono dourado da Polônia".

Uma tarde, o chefe de campo entra no nosso barracão. É um gigante, preso comum, vestido à moda dos campos: calça de equitação, casaco justo com gola alta e boné de tecido preto. Esse homem deve ter sido bonito, mas os dez anos de permanência nos campos o transformaram: o andar um pouco pesado, o rosto em dobras verticais, a boca desdenhosa. Ele pede dois voluntários com noções de mecânica. Um estudante de direito que fala alemão e um mecânico se apresentaram antes que outros tivessem tempo de reagir. Nós os reencontraremos mais tarde, durante a manutenção das lamparinas de mineração, numa cabine com balcão. Provisoriamente, terão a vida salva.

Logo conheceremos as chamadas: elas acontecem de acordo com um cerimonial rigoroso, regradas como um balé, mas ainda não duram muito tempo. Cinco longas filas se mantêm diante dos três ou quatro responsáveis do campo que procedem à chamada, contando as filas rigorosamente alinhadas, à espera da chegada do chefe SS, e assim que isso acontece, todo mundo fica paralisado em posição de sentido, num silêncio total, com boné na mão. Ele também conta as filas, assina o caderno e vai embora. Cinco minutos se passaram desde a chegada desse subalterno impecavelmente calçado, elegante, que tem direito de vida e morte sobre nós. As chamadas acontecem de manhã, antes da formação dos *Kommandos,* e à noite, depois de sua volta, seguidas pela dispersão e distribuição do pão e pelas tarefas de limpeza.

Essas primeiras chamadas ocorrem sem problema, mas em breve, quando formos espancados, conhecerei algumas durante as quais os mortos e agonizantes serão alinhados detrás das filas e doentes fracos se apoiarão nos ombros dos vizinhos.

Após a grande sessão de despojo de Auschwitz, só me sobraram os meus sapatos, cujo estado de conservação era de máxima importância; estava decidido a defendê-los e essa não era uma tarefa fácil: logo nos primeiros dias, veteranos vinham nos rodear para nos levar tudo o que lhes parecia utilizável, obrigando-nos a trocar roupas e sapatos; minha vez chegou muito rápido: numa tarde, estava cochilando depois da sopa, quando o chefe do Bloco me acordou com uma varada no tornozelo: "Teus sapatos!", "Mas..." "Nem mais um pio! Tira os sapatos e me dá!..." e o polonês que o acompanhava tira um par de botas baixas de borracha, com uma das solas pendurada, quase solta e me dá com um sorriso oblíquo como se dissesse "você vai ver, ainda estão muito boas...". É inútil resistir e me resigno. Essas botas me farão sofrer cruelmente durante a estação quente.

Nesses primeiros dias no campo, todas as noites assistimos a um espetáculo desolador: nosso Bloco fica próximo ao portão dos fundos, pelo qual entram os *Kommandos* de superfície (outros trabalham nas minas de carvão). A chegada do grande *Kommando* exterior, do qual farei parte mais adiante, deixou em mim uma profunda impressão, inesquecível: mil e quinhentos indivíduos titubeantes de cansaço, magros ao extremo, sujos e esfarrapados, se arrastam até seus Blocos depois de terem passado o portão de entrada em fileiras regulares, restabelecidas às custas de um esforço sobre-humano e desabam na areia esperando a chamada. No final do comboio ficam aqueles que andam com dificuldade, sustentados pelos mais válidos, aqueles que não conseguem mais andar, carregados nos braços ou em macas feitas de galhos pelos camaradas; ainda há outros que não respiram mais, que morreram em pé no trabalho, seus olhos apagados expressam a angústia diante desse fim atroz.

Todo dia há mortos; frequentemente por fuzilamento, mortos "durante uma tentativa de fuga", encenação apreciada pelos SS. Nunca esquecerei deste jovem grego, punhos e tornozelos atados a um galho de árvore como uma caça, carregado nos ombros de dois camaradas; com as roupas coladas no sangue fresco, do qual uma poça brilha em sua barriga ao sol poente e goteja de suas costas até a areia.

Foi um SS de 17 anos que usou essa barriga como alvo, assim, sem motivo, no impulso do momento; a vida de um detento vale menos do que nada e a impunidade é garantida...

Durante esse primeiro período da minha permanência nesse campo, não somos encarregados de nenhum trabalho específico, então todo dia reserva uma surpresa. Alguns *Kommandos* são rapidamente constituídos pelos recém-chegados, mas ainda evito ser recrutado. Sou empregado nos trabalhos dentro do campo. Junto a uma dezena de camaradas, sou mandado para um morro de areia que tem que desaparecer para nivelar o solo. Em grupos de três, usamos pás para encher um carrinho sobre os trilhos; o ritmo é bastante lento, mas detentos poloneses, todos armados com bastões, nos vigiam. A cada 15 minutos, o nosso vigia faz uma ronda no grupo, cada um de nós recebe algumas varadas, não muito fortes, pontuadas por xingamentos e incentivos ao rendimento, em seguida ele se afasta. É um menino muito jovem, mas que detém uma parcela de autoridade e seria imprudente tentar enfrentá-lo. Quando o *Kapo* se aproxima, o supervisor redobra os gritos e as violências; o *Kapo* é um detento veterano, comum na maioria das vezes, é chefe do *Kommando*, colocado pelos alemães que confiam nele.

Quando um SS aparece nos arredores, o próprio *Kapo* se desdobra. O trabalho não é tão difícil, mas parece terrivelmente longo; começamos às cinco e meia da manhã e quando chegam nove horas, o dia já parece bem avançado. Ao meio-dia em ponto fazemos uma pausa de uma hora, esperamos a sopa que engolimos prontamente e me deito na areia para um cochilo difícil, repleto de pesadelos e sofrimento moral. É melhor remexer a areia, enquanto isso não pensamos em nada. Das treze às dezenove horas, momento do retorno dos *Kommandos*, repetimos o mesmo trabalho.

Depois de ter remexido a areia durante alguns dias com pás e carrinhos, saímos na vizinhança próxima ao campo. Uma estrada que deve ir do campo até a fábrica está em construção e devemos arrancar os troncos do lugar. Trabalhamos com lenhadores, todos detentos como nós, e nós mesmos transportamos os troncos de árvores derrubadas. Esse transporte se faz em grupo de cinco ou seis e o próprio chefe de campo nos comanda. É um "triângulo verde" (preso comum), prisioneiro há anos antes da guerra. Ele segura na mão uma bengala com ferro e chovem golpes sobre nós. Carregamos grandes troncos de árvores nos ombros, curvados debaixo do fardo, no limite de nossas forças, aterrorizados pelos gritos e espancamentos.

Em algum momento, somos 18 a carregar um tronco enorme, mas ele é pesado demais, escorrega muito rapidamente no chão e minhas coxas ficam debaixo desse peso esmagador, os joelhos dobrados. Sinto uma dor violenta, como se minhas coxas tivessem sido trituradas e me surpreendo ao me ouvir gritar. O tronco acabou deslizando ao longo das minhas coxas que por muito pouco não foram esmagadas, o que seria meu fim.

Estou com entorses nos dois joelhos e o *Kapo* me autoriza a deitar na grama do bosque; aproveito para colher alguns magros mirtilos esquecidos; ao meio-dia dois camaradas me levam de volta ao campo. À noite, depois da chamada, posso ir à enfermaria, e às custas de uma longa espera descalço, com o boné na mão, consigo me aproximar do "corpo médico" do campo.

O serviço de enfermaria é composto por dois enfermeiros atléticos – presos comuns alemães, um deles era açougueiro num passado remoto – e um estudante de medicina de origem tcheca. Esse último olha meus joelhos e me diz: "Mas você não tem nada. Não há nada aparente. Amanhã você volta ao trabalho". A partir do dia seguinte, consigo descansar graças a um *Kapo* compreensivo (sim, esse tipo também existe!). Fico deitado na grama, sonhando com o tempo passado que não voltará mais e provo, em pensamento, os pratos da minha infância. Depois de três dias tenho que voltar ao trabalho. Não recuperarei o uso normal de minhas pernas, nunca mais poderei correr e futuramente sofrerei muito com minhas pernas enfraquecidas.

Nos dias seguintes somos encarregados de arrancar os troncos das árvores derrubadas, começamos o trabalho com ajuda de pás, picaretas e machados. De agora em diante, concentro minha atenção na economia de energia e outros fazem o mesmo; graças à compreensão do *Kapo*, consigo fingir que trabalho sem gastar minhas forças. De vez em quando, ele e seu supervisor nos estimulam com ajuda de uma profusão de gritos e ameaças, às vezes, de agressões físicas, em seguida recaímos na cadência lenta dos subnutridos.

Alguns de nós são zelosos: lembro-me de um belga gordo, com cerca de 50 anos, muito forte, com uma aparência brutal, cabelos grisalhos, que trabalha suando e se esbaforindo, fornece um grande esforço com a picareta, dá conselhos aqui e acolá, o que em breve parecerão ordens. Chama os camaradas de preguiçosos. Por ter interpretado tão bem o papel que atuava nessa farsa, o reencontrarei mais adiante como *Stubendienst* e depois como chefe de Bloco, pois o zelo é recompensado e ele poderá ter a vida salva, confortavelmente instalado em seu barracão quente, onde reina abaixo dos SS e administra a comida. Mas a faca tem dois gumes, há vantagens em não aparecer demais, um acidente pode acontecer muito rapidamente...

Foi durante os primeiros dias nesse campo, dias sufocantes de um verão tardio quente e seco, ao longo dos quais somos divididos entre tarefas dentro do campo e pequenos trabalhos na vizinhança imediata, que vivi um episódio dos tempos dos faraós: numerosos caminhões trazem tijolos e os descarregam na entrada do campo. À noite, após a volta do grande *Kommando* exterior, ocorre o transporte dos tijolos rumo a vários canteiros de obra dentro do campo e todos os detentos participam, menos os mineiros submetidos a um regime especial de horários de trabalho.

Os *Kommandos* entram pelo portão que dá acesso às campinas e são encaminhados sem parar rumo ao portão que se conecta à estrada; o transporte dos tijolos durará duas horas. O trabalho se faz em fila indiana e passamos entre dois muros de *Kapos*, chefes de Bloco e outros "dignitários" armados com cassetetes que apressam o movimento. Em volta do grande monte de tijolos, na frente do portão do campo, os próprios SS vigiam o trabalho e se desdobram berrando: *los, schneller!*, nos batendo por todos os lados.

Cada um de nós empilha cinco tijolos equilibrando a pilha com um gesto vigoroso no ombro e a mantém estável com ajuda da mão do mesmo lado. Há empurrões no ponto de partida, pois todos querem escapar o mais rapidamente possível dos açoites dos SS. Muito brevemente sinto uma dolorosa nostalgia vir à tona a partir do contato com essa estrada asfaltada, símbolo de uma liberdade perdida. Terminado o carregamento, colocamo-nos em filas e percorremos uma distância que avalio ser de trezentos ou quatrocentos metros. Chegando na frente do edifício em construção, cada um se desfaz de sua carga com um movimento de quadril e volta, no mesmo ritmo, à porta de entrada.

Não se pode parar nem desacelerar; os espancamentos acontecem em uma cadência rápida. Numerosos deportados extremamente magros curvam-se debaixo do peso dos cinco tijolos. Alguns recorrem a artifícios para deixar esse peso suportável: uns os carregam com as duas mãos apoiando-os na barriga, outros arrumaram um sistema com uma pequena tábua e um pedaço de corda. Ainda há os que tentam fugir, mas os banheiros ficam fechados durante essas duas horas, as pancadas são dadas em dobro e afastam qualquer vontade de fuga.

Podemos imaginar um *travelling en plongée*:[9] sob um sol pesado cujos raios oblíquos iluminam uma nuvem de poeira vermelha levantada por seus pés, uma fila interminável de escravos com túnicas listradas, totalmente cobertos pela poeira vermelha dos tijolos, curvados debaixo do fardo, foge das surras e xingamentos. Seria um quadro representando os servos construtores de pirâmides?

Daqui em diante, essa tarefa dos tijolos será uma punição extra temida; ocorrerá novamente com regularidade aos sábados e domingos, depois de dias exaustivos de trabalho forçado ao fim dos quais todos estão prestes a desabar.

Duas vezes tentarei me livrar disso, com uma audácia que não conhecia em mim, colocando minha vida em perigo num estado de total inconsciência: quando a fila passa perto de um Bloco de mineiros parcialmente desocupado em razão do trabalho por rodízio, me afasto e entro no Bloco, subo na parte superior do beliche[10] e me escondo, suando e ofegante, debaixo do cobertor. Ao levantar um canto do cobertor, vejo pela janela a caça ao ser humano e as terríveis surras que os *Kapos* distribuem. Ser descoberto naquele momento teria me levado a terríveis punições, com consequências imprevisíveis, provavelmente a uma morte rápida; mas esses momentos passados numa angústia mortal renovam minhas forças, muito necessárias.

9 Ângulo/enquadramento visto de cima. O "travelling" seria o movimento da câmera, em grua ou trilhos, e o "plongée", o ângulo de cima para baixo, o tipo de enquadramento.
10 No original, *châlit*: conjuntos de estrados ou tablados de dois ou mais andares, onde muitas pessoas dormiam juntas nos campos de concentração. [N.T.]

Morte de um amigo

O madrugar, o trabalho exaustivo e a fome que domina todo o resto se traduzem por um cansaço crescente que se instala permanentemente. Desde o despertar, o menor movimento é penoso. Durmo um sono profundo, sem sonhos ou entrecortado por pesadelos horripilantes. Tirar as pernas de baixo das cobertas, vestir os trapos, calçar os sapatos furados e amarrá-los com a ajuda de um pedaço de barbante são gestos executados com uma lentidão desesperadora, somente o medo e as represálias me impulsionam.

Durante a hora do repouso, depois da sopa do meio-dia, deito-me na areia ou num canto com pouca grama e o relaxamento de todos os meus músculos me devolve um pouco de forças, mas durante esta primeira parte do meu cativeiro, nunca pude dormir durante o dia. A partir do momento em que fecho os olhos, sou tomado por um tormento moral intolerável, as lembranças se atropelam na minha mente, as imagens giram na velocidade de uma obsessão delirante. Nesses momentos dolorosos me sinto pronto a aceitar a morte com alegria para não pensar mais, não sentir essa dor que me apunhala, que me arranca o peito.

Não trabalhamos aos sábados à tarde; na verdade, a distribuição da sopa dura até as três horas e somente perto das quatro ficamos tranquilos; ainda é necessário escapar de mais uma tarefa, pois as "autoridades" não aceitam esse repouso. O melhor a fazer é se distanciar, ficar em um canto mais discreto, entre os barracões. Pequenos grupos se formam e a maioria de nós está anestesiada e silenciosa, alguns conversam entre si para tentar esquecer.

É a hora do banho: perto do pavilhão da administração há um espaço livre no qual há duas tábuas postas uma em cada lado de um cano horizontal de ferro, na altura humana, furado em intervalos regulares, pelos quais finos filetes de água escapam com baixa pressão. Em torno dessa instalação precária, uma multidão sedenta, ávida por água, se empurra, às vezes se pisoteia. Raros são os que conseguem umedecer suas peles, ao preço de um grande esforço, de uma grande fadiga.

Uma só vez tentei me lavar, depois decidi que era melhor não, para concentrar meus esforços, me poupar. Substituo o banho por um repouso num canto de areia próximo a mim, onde deito e mergulho num devaneio febril de arrependimentos e amargura.

Nesse espaço de areia que cerca os chuveiros, é possível sentir bater a pulsação do campo; é onde se encontram amigos que foram separados durante a distribuição nos Blocos, é aqui onde transações entre os detentos são concluídas, onde se pratica o escambo de mercadorias baratas. Sob um sol tórrido, os murmúrios em todas as línguas da Europa – entre as quais predominam o alemão, o polonês e o iídiche – lembram um mercado oriental, sem as cores gritantes nem os odores aromáticos: alguém embrulhou sua porção de salame *ersatz* da véspera, cuidadosamente, em um papel arrancado de um saco de cimento e o propõe em troca de uma tigela de sopa fria, das que "enchem a barriga", mas que levará a uma bela indigestão, muito perigosa dentro do contexto do campo; outro levará sua porção de pão com uma mesma finalidade de troca.

Há quem faça negócios frutíferos e pratique, graças a seus dons especiais, um comércio rudimentar: uma porção de margarina comprada por meio pedaço de pão é revendida depois pela mesma quantidade acrescida de uma fatia. Vendem-se também suprimentos de primeira necessidade: roupas, sabão de verdade, alimentos vindos das caixas, frutas e outros. A entrada de diversas mercadorias dentro do campo, assim como o poder de compra de alguns, são prova do milagre que pessoalmente nunca entendi. É inútil dizer que eu não soube praticar o escambo, exceto em circunstâncias sobre as quais falarei mais tarde.

É nesse local de encontros semanais que ficamos sabendo das últimas notícias políticas: "Você soube da última? A cidade de Lwow caiu na mão dos russos. O avanço deles é arrebatador. É oficial!"

"Oficial como? Está nos jornais alemães?", "Não, melhor ainda; foi o Pradier que me disse, sabe? Aquele amigo do Georges, o supervisor que escuta a rádio inglesa. Se você não acredita em mim, espere um pouco e terá a confirmação.", "Mas como se pode esperar uma confirmação?", "Você é bem ingênuo, você sabe bem que o Pradier não é a nossa única fonte e que a Resistência do campo tem ligações com a rebelião da Alta Silésia que nos fornece regularmente notícias de Londres."

Uma ou duas horas mais tarde, dizem: "Pronto! Está confirmado! Desta vez soube pelo Maniel, o comunista que está no seu Bloco. Vindo dele, certeza que é sério. Ele não pode colocar em xeque sua credibilidade lançando boatos."

Obviamente, ele não lançou rumor algum, mas bastavam uma ou duas pessoas para que um boato vindo de um canto do campo se tornasse "oficial" na segunda volta, "confirmado" na terceira. Quem teria dito primeiro? Um piadista ou alguma alma caridosa, sabendo que a esperança era para nós o melhor dos remédios? Pouco importa que a queda de Lwow nos tenha sido anunciada seis meses antes de sua data real, a esperança que esses eventos exteriores nos trazem é mais útil que o ar que respiramos.

O tempo das tarefas ocasionais não durará muito. Logo somos divididos entre os *Kommandos* e o Bloco se esvazia pouco a pouco. Agora, todos o abandonam, exceto alguns privilegiados: o chefe, o secretário, o responsável pela limpeza e um relojoeiro, porque os SS têm relógios para consertar e querem ter alguém disponível; graças a isso, ele também é momentaneamente poupado, mas as melhores situações são instáveis e a roda da sorte gira rapidamente...

Numerosos são os que saem para o *Kommando* exterior, mas durante muito tempo, eu o conhecerei apenas por meio dos relatos dos camaradas. Nessa época, a alimentação escassa começa a cobrar seu preço: a primeira vítima é um jovem vigoroso de 20 anos com pneumonia. Ele não é admitido na enfermaria porque sua temperatura não atinge os quarenta graus. Essa séria doença dá direito a 15 dias de repouso na vida civil, mas aqui ele deve continuar o trabalho; durante o dia ele sofre e resiste, à noite tem crises de tosse e delírios.

Pela primeira vez, nos aproximamos desse desprezo total pelo sofrimento e pela vida humana. Exceto a nossa solicitude totalmente desamparada, nenhum medicamento, nenhuma atenção chegam do exterior. Somos alguns médicos que lhe oferecemos uma atenção fraterna, esperando que ela possa consolá-lo e acalmar seu mal; não podendo agir, assistimos ao milagre: apesar do total abandono, do suplício da fome, da falta de repouso, ele acaba conseguindo se curar da pneumonia!

O Bloco se esvazia e nos encontramos de novo somente quando chegar a chamada da noite. Nem todos os *Kommandos* têm a mesma reputação, em alguns é necessário trabalhar muito, outros são mais calmos. Dentre eles, há um que parece temível: é o *Kommando* dos instaladores de trilhos. Nele, o ritmo é enlouquecedor. Sob as agressões físicas dos supervisores SS, subornados por cigarros dos empresários civis com a finalidade de aumentar o rendimento, todos fornecem um esforço sobre-humano.

Instalar um segmento de trilho, com a ajuda de muitos, transportá-lo quase correndo, parafusar dois segmentos, rápido,

rápido, sem ter tempo de limpar com a manga da camisa o suor que escorre; em seguida, voltar num ritmo acelerado, prestar atenção para não escorregar nessa areia fina, movediça, empoeirada que range entre os dentes e resseca a garganta; fazer gestos rápidos, eficientes e ao mesmo tempo monitorar com o canto do olho os cassetetes dos SS que se abatem sem parar sob risos e vaias: eis o que faz passar o tempo rapidamente até a hora da sopa.

O alimento chega nos carrinhos de mão carregados por homens apressados, cheios de galões soltando a fumaça de um líquido espesso que transborda e escorre pela areia. Muito rapidamente, em um tumulto ensurdecedor, os galões são alinhados no chão. Os homens esperam em fileiras de cinco e jogam sobre eles um número muito reduzido de vasilhas côncavas, de um verniz vermelho craquelado.

Então, a distribuição começa: um *Kapo* mergulha rapidamente no galão uma lata de ferro branco pregada em um pedaço de pau e despeja esse conteúdo na tigela estendida por mãos trêmulas para as quais é destinado. O pote é frequentemente mal servido ou derrubado, por escárnio, ao lado da tigela, reduzindo ainda mais essa comida já insuficiente. Algumas colheradas desse caldo espesso servem apenas para exacerbar a fome tão intensa que o organismo todo sente. Uma angústia e um desânimo inomináveis tomam conta de todo o ser que sofre essa agonia, impotente para combatê-la; essa tortura é pior que os espancamentos.

Nessas condições inumanas, o fim chega muito rápido, a degradação se acelera: cada ser busca nos traços de seu vizinho a imagem de sua própria decomposição. Ora um, ora outro deve ser sustentado pelos vizinhos durante a chamada da noite. Muitas vezes, é nesse momento que assistimos a um espetáculo lamentável: os homens se afastam de um moribundo para não ter que sustentá-lo às custas de suas próprias forças.

Todos querem chegar ao objetivo, todos sabem que uma fraqueza leva irremediavelmente ao fim. Cada um espera a salvação que o instante seguinte pode e deve trazer e todos lutam com todas as forças para tentar atrasar o prazo final; mas, o mais comum, a morte lenta à qual estavam destinados desde o vagão de carga de animais cumpre a última fase: a pele fica cinza ou esverdeada, o esgotamento rápido se manifesta pelos olhos imensos, profundamente afundados em suas órbitas, com olheiras trágicas; as bochechas vazias ficam marcadas por rugas; o andar é de um cansaço extremo, as costas estão encurvadas; o edema das pernas, enorme, contrasta com o restante do corpo descarnado; os movimentos são muito lentos, executados a contragosto. Esse conjunto sugere uma resignação e uma tristeza infinitas.

Trabalhei só um dia nesse *Kommando*, tive a sorte de poder me esquivar no dia seguinte no momento do recrutamento, mas um amigo muito próximo estava ali. Compartilhávamos o estrado e as cobertas, colocávamo-nos juntos em filas para conseguir a porção de comida da noite, a devorávamos lembrando do tempo em que estávamos vivos ou trocando nossas impressões e nossos temores a respeito do dia. Ele desperdiçava nossa ração tão preciosa em trocas fantasiosas, trocava seu pão por geleia adulterada ou por salame *ersatz* e perdia visivelmente em ingestão de calorias.

René falava um francês muito culto com um leve sotaque alemão, o de certos poloneses que viveram muito tempo na Alemanha.

Contou-me sua história: trabalhava em relações comerciais com o exército de ocupação e citava transações de somas que me pareciam vertiginosas. Gozava de muitos privilégios, como só os alemães sabiam conceder a quem trabalhava para eles, ao mesmo tempo que se fazia parte do lado inimigo. Circulava livremente durante o toque de recolher, entrava nos escritórios alemães, lidava bem com os membros da Gestapo.

Um dia, foi preso, mas quando o tiravam da prisão, continuavam sorrindo para ele, autorizando-o a passear sozinho em Paris sem vigilância nenhuma, para que concluísse alguns compromissos; dessa forma, foi duas vezes para Paris sem ser seguido e se apresentou nas duas situações à porta da prisão na hora combinada... não houve terceira vez; transferido para Drancy, depois de seu segundo passeio pela cidade, foi deportado no dia seguinte. Inúmeros foram aqueles que, como ele, pagaram com a vida a confiança que deram às promessas do invasor. No campo, a ocasião perdida de liberdade se tornou um tema obsessivo. Ele falou disso sem parar até a morte.

Além dessa assombração das ocasiões perdidas, ele conservou a esperança e nunca o ouvi proferir a menor reclamação. Muito rapidamente, suas bochechas ficaram marcadas por um rosa doentio, suas pernas e seu corpo derreteram ao extremo, acabou reclamando de um cansaço insuperável e rapidamente progressivo: o menor gesto era feito às custas de esforço, cortar uma fatia de pão se tornara um ato impossível de executar. Acabei o substituindo nos pequenos atos cotidianos: ajudando-o a se despir, cobrindo-o e preparando suas torradas. Todas as manhãs, no entanto, ele ia trabalhar movido por um ganho de energia quase milagroso.

Tornou-se um ser frágil, de pele transparente, com o comportamento chorão, infantil. O nariz escorrendo de forma permanente mal lhe chamava a atenção, ele passava o dorso da mão no nariz em um gesto ineficaz e feito de qualquer jeito.

Um dia desmaiou do lado de fora, no *Kommando*. Dois dias depois, alguns camaradas o trouxeram em uma maca improvisada.

Toda vez, aquela minúscula chama de vida se reanimava durante a noite, como uma bateria que se carrega, mas por falta de provimento externo, ele gastou suas últimas reservas.

Sob a ameaça mortal, ele continuava se arrastando para o trabalho, mas, em um certo momento, chegou ao fim de sua resistência. Queixava-se por não conseguir enxergar mais claramente, a fala se tornou gaguejante, a voz quase extinta. Nesse momento, não podendo mais caminhar, ele me confessou a alegria em poder descansar na enfermaria. Chegado ao estado extremo, onde a única saída é a morte, um véu de inconsciência benevolente se instalou ao mesmo tempo que o esgotamento físico, e ele manifestou apenas uma calma paradoxal; estava totalmente cego em relação à situação desesperada.

Sua única esperança é a admissão na enfermaria, seu único medo, o de ver recusado o direito ao repouso, ao qual seu pobre organismo maltratado aspira avidamente. Nós o sustentamos até o barracão da enfermaria, onde fomos recebidos por dois brutos alemães, presos comuns, fantasiados de enfermeiros, os durões da Alexanderplatz, feudo do círculo berlinense, cuja fúria em relação a seus camaradas de deportação não conhece limites. Eles nos recebem com o sarcasmo habitual, como se estivéssemos em um sanatório ou na Côte d'Azur, em uma estadia ideal para convalescência prolongada, assunto que repetem como uma ladainha dirigida a cada um que chega ao *Krankenbau* (enfermaria).

Deixamos nosso camarada no piso do corredor e imediatamente um dos brutos agarra sua cabeça com as duas mãos e a bate, violentamente, por muitas vezes, contra o chão. Perturbado por essa brutalidade (qualquer tentativa de intervenção seria uma loucura), fujo e me dou conta de que na pressa em fugir levei a porção de pão do meu amigo. Retorno ao local para lhe devolver o pão, mas assim que chego ao limiar da porta, um dos carrascos grita em minha direção: "Guarde seu pão. Você precisará mais do que ele! Aliás, ele não comerá nunca mais!"

Morreu no dia seguinte, abandonado por todos, num canto do barracão-enfermaria. Acho que ele não se deu conta de sua degradação e que se beneficiou de um estado de inconsciência completa durante as últimas horas de vida.

Desse modo, perdi meu primeiro irmão de miséria; sua morte deixou em mim um estranho vazio que não se assemelha em nada ao sofrimento que sentimos diante da morte de um ente querido em uma existência normal. Sua morte se materializa em mim nesse pedaço de pão que engulo avidamente, mas com uma sensação de mal-estar como se ele representasse o prolongamento de nosso pacto tácito de amizade para além de sua morte, como se esta página virada prefigurasse irremediavelmente minha própria morte iminente.

Construtor do nada

Em breve, um outro grupo é formado com homens do meu Bloco que saem para arrancar os troncos nos arredores do campo, trabalho que eu conhecia. Tento não ser recrutado para um *Kommando* exterior, mas agora somos muito poucos, os últimos devem deixar o barracão no mesmo dia e não há mais tarefas ocasionais. É preciso partir com um grupo e todos os meus cuidados se direcionam para a escolha do menos ruim.

O acaso faz com que eu consiga integrar um *Kommando* interior: nessa mesma manhã, quando os últimos devem achar um grupo de trabalho estável, o secretário anuncia a constituição de uma equipe de 25 "aprendizes-pedreiros" e o contingente é atingido em um piscar de olhos. Não sei como consegui realizar essa façanha de conquistar uma dessas vagas cobiçadas, eu que não sou muito esperto nem briguento. Será pelo fato de o grupo se formar exatamente no lugar onde me encontro? Outros tentam achar uma vaga nessa equipe, mas está lotada; somos quase todos franceses e há dois médicos entre nós.

Quanto tempo eu passei neste *Kommando* de pedreiros? É impossível organizar os fatos cronologicamente, as lembranças voltam em imagens avulsas, seria como atribuir datas precisas a eventos vividos em sonhos, pois todas as peripécias são mais próximas da alucinação do que de fatos realmente vividos, o que não retira em nada a sua autenticidade.

Consigo, no entanto, me agarrar a alguns pontos de referência: entro pela primeira vez na enfermaria por volta do dia 15 de outubro. Tinha deixado os pedreiros havia mais ou menos 15 dias. Como entrei nesse grupo dez dias depois da nossa chegada, teria passado perto de seis semanas com eles. Aliás, pouco importa; só desejo restituir esse ambiente e evocar alguns quadros, como se viram as páginas de um álbum. Gostaria de fazer sentir esse horror de todos os instantes, essa ausência de qualquer vislumbre de esperança, tudo isso dominado por uma fome sem limite, sem trégua, pelos devaneios de comida que preenchem o dia e frequentemente sonhos de banquetes que assombram as noites e mancham de saliva as roupas que servem como travesseiro.

Os primeiros momentos de presença nesse *Kommando* interior são incertos. Os candidatos são numerosos e não se pode ficar nas últimas fileiras, pois corre-se o risco de ser eliminado na base do empurrão. Uma vez a lista estabelecida e verificada, fico tranquilo, faço parte desse cobiçado *Kommando*, mas por quanto tempo?

Nosso destino parece ser menos duro; teremos menos contatos diretos com os sentinelas alemães, não deveremos cumprir longas marchas vigiados por eles com o cansaço e os riscos suplementares que elas incluem. Talvez tenhamos uma leve chance suplementar de sobrevida, não quantificável em duração. A sopa do meio-dia será engolida em condições de conforto um pouco melhores e o repouso de uma hora nos pertencerá por completo, o que parece um milagre.

Esse conjunto de miudezas pesa bastante e nos dá aparência de privilegiados. Somos uma sociedade muito misturada: entre nós há um imigrante polonês que era cabeleireiro em Paris; vários jovens, dois deles candidatos ao *baccalauréat*;[11] um jovem engenheiro químico, ser sutil e sensível, muito talentoso, que está aqui por ter se recusado a trabalhar para os alemães; um alfaiate parisiense que foi pego com seu filho, ambos estão aqui

---

11 Exame de conclusão do ensino médio na França. [N.T.]

e o filho tem uma voz de tenor bastante bonita, o que lhe dará a possibilidade de se manter cantando para os senhores do campo e lhe proporcionará suplementos de alimentos. Fazer palhaçadas, cantar, se fantasiar, se desdobrar em mil maneiras ajuda a melhorar o cotidiano com presentes.

Encontro nas minhas lembranças um garoto alto e muito magro, com rosto fino, comprido, que nunca sorri, expressando uma angústia e uma tristeza insustentáveis. Seu corpo descarnado e sua coluna torta flutuam em roupas frouxas demais, ele parece um espantalho. Esse garoto se chama *Loksch*, é um termo iídiche abreviado que significa macarrão e ilustra seu personagem, que sofreu tudo, passivamente, que não soube nada das alegrias da vida; teve a infelicidade de enfrentar a guerra depois de uma adolescência como órfão, de ser preso, de viver então escondido como detento fugitivo, de ser preso outra vez e levado ao campo de concentração neste estado de esgotamento avançado que lhe será fatal a curto prazo. Esse garoto é o símbolo do sofrimento completo e aceitação total, resignada, da sua aflição.

Ainda vejo entre nós uma silhueta viva como um furão, que se desdobra incansavelmente à procura de uma presa; baixinho, descarnado, o olhar nunca em repouso; fará um escambo frutuoso no campo, trocando galhos de tabaco, caixas de fósforos vazias, objetos de vestimenta habilmente furtados aqui e acolá e conseguirá flutuar graças a esse movimento browniano.

Somos agora três médicos. Um de nós é um especialista parisiense que fala sem parar, calcula possibilidades de suplementos, organiza conluios secretos com outros, sempre causa intriga com os chefes poloneses, dos quais ele fica mais próximo graças a seu conhecimento de russo e polonês. Na verdade, ele está perdido de pânico e seu rosto fica constantemente agitado por tiques de angústia. Sua atitude indigna, quase pueril, é decepcionante, mas sua resistência está enfraquecida por uma detenção prolongada anterior à sua deportação.

O outro é um clínico do interior que à primeira vista era o mais sólido de todos nós, mas adota desde o começo uma linha de conduta simplista que o levará a sua perda; ao invés de poupar suas forças, se desgasta até o limite de suas possibilidades para ser melhor visto. É uma mistura de aluno estudioso e de ser resignado, sua atitude de visão curta lhe será fatal em algumas semanas.

Nessa enumeração, esqueci de alguns, mas eles foram muitos. As faces empalideceram, a acuidade do horror se dissipou e os rostos afundaram na neblina do esquecimento.

Um dia de trabalho começa pelo despertar, bem antes do alvorecer, por volta das três e meia da manhã. Um breve pesadelo, provocado pelo "despertador" do campo, me deixa trêmulo, coberto de suor. Procuro minhas roupas às cegas tateando no escuro, pego febrilmente o pacote que uso como travesseiro e reconheço ceroula comprida, calça, casaco em farrapos e visto as meias – de uma sujeira indescritível – e os sapatos guardados aos meus pés. Às pressas e ainda no escuro, amarro os barbantes que uso como cadarços e desço do beliche.

Uma pequena luz surge em algum lugar no fundo do barracão; ela aumenta com o rumor confuso de uns trinta homens que se vestem e se interpelam, assobiam e cantarolam baixinho, cospem e xingam. Uma poeira espessa voa em volta das camas e enche as narinas, todo mundo se apressa em dobrar as cobertas, o tempo é contado, mal conseguimos vestir nossas roupas, os gritos e as pancadas dos supervisores nos expulsam para fora na hora da chamada. No caminho, pegamos uma tigela metálica amassada e desfilamos diante de um latão do qual um chefe removeu a tampa e retira meias conchas de um líquido preto, amargo e morno que eles, por escárnio, chamam de café.

Essa bebida é engolida às pressas, as tigelas são deixadas sobre a pilha sem que nós paremos e, em seguida, corremos até a praça central. Não passaram mais de cinco minutos desde que acordamos. É uma velha buzina de carro, pregada num poste na frente do barracão do chefe que faz o papel de despertador.

Alinhamo-nos em fileiras de cinco, a uns cinquenta metros do nosso Bloco, e os dois mil e quinhentos detentos do campo de Jaworzno formam um quadrado no aterro do barracão dos chefes. Começamos a distinguir vagas silhuetas no amanhecer. O lado esquerdo do quadrado é aberto para o edifício das cozinhas. É um barracão como os outros, acrescido de três chaminés das quais uma fumaça espessa e branca sobe verticalmente no dia que está nascendo.

O grande *Kommando* do campo não permanece conosco. Enquanto os serviços interiores se agrupam no aterro para a repartição das tarefas, o *Kommando* exterior, totalmente escoltado por sentinelas com armas automáticas apontando para os homens, se direciona em uma cadeia interminável de miseráveis rumo à saída do campo ao lado dos prados e marca um tempo de parada no portão para o controle e a chamada dos que saem.

A natureza é bela e serena, um magnífico nascer do sol doura as franjas das nuvens ao leste, atrás da cortina de fumaça da cozinha; o frescor da manhã me toma e me faz tremer. As lembranças me assaltam como uma criança sem mãe, me sinto nu e vulnerável, no desespero de enfrentar um dia de fome, fadiga, surras e perigos imprevisíveis. Todas as vezes em que me encontro em um grupo sem fazer nada, simplesmente esperando, meus pensamentos vagam irresistivelmente na saudade do passado e me enchem de uma tristeza vibrante e infinita.

À minha volta, não há ninguém familiar com quem eu possa comungar na minha miséria moral; estou cercado de privilegiados do campo, são os poloneses brutais que formam a maior parte dos *Kommandos* do interior. São gordos, bem-alimentados, recebem caixas de suas famílias, permanecem com uma forte chance de sobrevida e nos dominam, nos oprimem com todo o seu servilismo diante dos alemães; não temos nada em comum, eles se dão empurrões afetuosos para se esquentar, se interpelam xingando de grupo em grupo, bagunçam enquanto esperam a partida para o trabalho, nos ignoram quando não nos tomam como alvo de piadas duvidosas.

Não tenho nem ao menos tempo para me lamentar: marteladas de ordens rápidas ressoam, os grupos de trabalho se constituem. O repartidor é designado de maneira curiosa pelo nome de sua função, é chamado *Arbeitsdienst*, o que significa "serviço do trabalho". É um homem gordo e parrudo, congestivo, cujo pescoço de touro emana uma impressão de força considerável. Ele é preso comum, todo-poderoso e temido, e só tem reações cínicas e brutais contra os seus companheiros detentos. Esse indivíduo circula entre as fileiras distribuindo pancadas e empurrões. Caneta e caderno na mão, ele anota os números que confere nos antebraços desnudos, faz e desfaz os *Kommandos*. Ai de quem não lhe obedecer suficientemente rápido ou não se afastar do seu caminho!

O chefe de campo também se esforça e toda essa agitação febril acontece sob o olhar sombrio e desdenhoso de um superior SS. Os grupos, vestidos com frangalhos de trapos listrados, se organizam em fileiras de cinco, uns atrás dos outros, e se mexem apressados rumo ao respectivo local de trabalho. Aos poucos a praça de chamada se esvazia.

Nosso grupo, designado por eufemismo de "ajudante de pedreiro", se junta ao grupo dos pedreiros, constituído por uns 40 poloneses, com os quais formamos um contraste deprimente:

eles são fortes, bem-feitos, bem-alimentados e mostram os músculos em brincadeiras de jovens brutos. Além das parcelas familiares, têm um irmão, um primo na cozinha e comem quase todos os dias até matar a fome, enquanto nós já estamos marcados pelas crescentes privações, magros e tristes, trêmulos ao sopro do sol nascente desse mês de agosto em nossas vestimentas listradas rasgadas.

Assim começa nosso combate sem esperança nos sucessivos canteiros de obra, graças aos quais o campo será construído em alvenaria ao longo dos meses que se seguem. A primeira obra serão as fundações da enfermaria. Somos colocados diretamente às ordens de um velho pedreiro polonês, alto, seco e curvado, ser frustrado, mas engenhoso, que será o nosso chefe e mestre durante um mês. Teremos que usar toda a nossa astúcia contra ele, para fazer o menor esforço possível, única chance de prolongar a duração da nossa sobrevida.

Passamos o primeiro dia até que de maneira agradável, vendo-o trabalhar como uma primeira lição. Aqueço-me bem rapidamente, pois assim que o sol nasce, faz calor e paro de tremer de fome e de falta de sono. No dia a dia, levamos uma vida vegetativa e o que importa não são as notícias do lado de fora, nem mesmo o dia seguinte, é o momento presente, é a possibilidade de separar o sofrimento intolerável deste momento preciso, tornar a sobrevivência suportável graças a um raio de sol ou a uma falsa indolência de espera nas costas dos pedreiros que trabalham.

Alguns do nosso grupo pegam uma espátula na mão para trabalhar além do que foi pedido e começam a alvenaria. Um acredita ter aprendido a manejá-la em outro campo, outro se diz pedreiro de profissão; todos os outros, inclusive eu, esperam e observam. De vez em quando, nos dão uma tarefa para executar:

igualar e limpar um pedaço de terra que receberá uma parede, cavar uma fossa para as fundações, misturar a argamassa. Durante esse trabalho o tempo passa, mas a fome torturante está sempre presente. Nunca passei tanta fome quanto nesse período, quando ainda estava com boa saúde e mal adaptado ao regime de fome. Conheço bem essa sensação de fome em seu paroxismo; entretanto, quando tento defini-la, não consigo, não há palavras para isso. É um tipo de sensação de vazio, de apelo que me impulsiona a lembrar dos pratos preferidos de antigamente ou sabores de alimentos que giram obsessivamente na minha mente ou ainda a invocação de um estado de saciedade; é um desejo, um estado de privação que não é nada comparável a uma dor física e que está presente em todo e em nenhum lugar no organismo.

Em alguns momentos meus pensamentos voltam à realidade para tentar adivinhar a hora segundo a posição do sol ou a passagem dos ônibus atrás dos arames farpados, ao longe, na estrada que se estende ao longo do campo e que parecem ser de brinquedo. Um ônibus amarelo passa às onze e quarenta, o cinza e azul às cinco para o meio-dia. O momento mais importante do dia se aproxima, em seguida as horas passam melhor, a tarde é mais curta, a hora da chamada, com sua espera angustiante, também passa mais rápido, mas a manhã não termina. Durante sete horas intermináveis, arrastamos nossas carcaças desde o nascer do sol sem ter tomado nada. Contudo, ninguém tem dor de cabeça, ninguém se enfraquece e não há desmaios, aqui suporta-se tudo e as noções de vida em liberdade são desordenadas.

Ao meio-dia em ponto, o gongo soa; é a mesma buzina de carro com um barulho fragmentado que nos desperta brutalmente todas as manhãs. Apesar da falta de conforto, a refeição até que ocorre bem, em uma relativa calma. Somos rapidamente servidos e ninguém nos perturba enquanto estamos comendo;

ficamos sentados no chão, em fileiras de cinco, como de costume. A hora da refeição dos "trabalhadores" é sagrada, mais uma excentricidade desse sistema hipócrita que, no entanto, aproveitamos com prazer. A sopa grossa feita de cevada com ocasionais fragmentos de ossos e de carne, bem raros, tem um gosto aceitável, apesar das batatas não serem descascadas nem ao menos lavadas. Os três quartos de litro são rapidamente engolidos e essa atividade nos absorve terrivelmente, nada mais conta nesse momento.

Todos os funcionários de serviço, na verdade todo-poderosos, manifestam um tipo de culto incompreensível em relação ao nosso conforto, um respeito ao trabalhador que é difícil de entender: seria espontâneo ou devido a uma ordem dos alemães? Tiramos proveito disso e a hora do repouso que nos é concedida antes de retomar o trabalho é bem-vinda... Fico deitado no chão, mas isso não traz relaxamento nenhum e o trabalho é preferível ao tormento das lamentações e do medo destes momentos de repouso. Ao segundo gongo do almoço, à uma hora, retornamos ao canteiro de obras a contragosto, sem nos apressar. A tarde passa sem problemas, os pedreiros não sabem muito bem como nos empregar e me esforço para passar desapercebido, renuncio a ser "eficiente".

No dia seguinte ocorre um incidente que me marcará por muito tempo: trabalho na confecção de uma mureta de fundação sob a "direção" de um jovem pedreiro polonês. Ele tem o rosto amassado, marcado por cicatrizes de varíola. Por causa de seus óculos de armação de tartaruga, tem ares de intelectual; como saberei mais tarde, ele geralmente é calmo e taciturno, mas é capaz de terríveis ataques de raiva, durante os quais é capaz de matar. Decidiu me mandar lançar as pás de terra bem cheias, faz uma demonstração, mas não posso compreender o que distingue sua maneira da minha de encher a pá e lançá-la; não consigo projetá-las exatamente no lugar que lhe convém e perco a terra durante meu gesto. Excedido por um malquerer evidente em seus olhos, ele me ordena que me vire e me abaixe – "mais baixo, ainda mais baixo" –, toma a pá com impulso e, ofegante, a abaixa com todas as forças, visando meu traseiro. Instintivamente, recuo e estendo meu braço esquerdo para me proteger do golpe que recebo, felizmente, atenuado por meu movimento de defesa, mas com grande violência no braço, acima do cotovelo. Tenho sorte de meu braço não ter quebrado, mas sinto uma dor muito forte e tenho um mal-estar. Nos cinco minutos seguintes, sinto arrepios e suores frios cobrem meu rosto, pescoço e peito; minha visão escurece durante alguns instantes; penso que estou desmaiando, mas consigo resistir. Meu braço incha em menos de uma hora e sofrerei disso durante semanas, está pesado e obedece com dificuldade, mas continuo utilizando-o. Nunca mais depois disso poderei cruzar esse idiota bruto sem um sentimento de pânico incoercível. Assim que o pedreiro me golpeou, ele se acalmou e continuou a trabalhar ao meu lado, como se nada tivesse acontecido.

Durante alguns dias, o velho pedreiro encarregado de nos ensinar o serviço nos coloca para trabalhar com a espátula e aprendo os rudimentos da função de construtor, mas assim que adquiro uma certa destreza, ele muda de ideia e nos manda novamente para lições teóricas. É assim que aprendo a empilhar tijolos sem argamassa para construir diversos tipos de paredes: de um tijolo, de meio tijolo de largura ou espessura e assim por diante. Uma chance a mais, pois esse ensino acontece em um ambiente calmo, no interior de um barracão, ao abrigo da chuva que agora não para de cair e passamos o melhor tempo que podemos entre os dois sinais, o do início e o do fim de trabalho.

Alguns dias depois, decidem dotar o campo de novos banheiros construídos com tijolos e é a nossa equipe de aprendizes-pedreiros que deve construí-los inteiramente. Começamos cavando as fundações e, exceto algumas exortações esporádicas de ofensas da parte do velho, que na verdade não é um mau indivíduo, passamos dias toleráveis. Nosso canteiro de obras se situa em um local isolado do resto do campo por um monte de tábuas empilhadas e partes de barracões.

Assim que as fundações são cavadas, trazemos tijolos do grande canteiro de obras. Essas viagens não são cansativas, nos demoramos conversando pelo caminho com paradas repetidas; o supervisor não vê nada ou não se interessa. Saberemos depois que ele se preocupa com seus problemas pessoais e não se importa muito conosco. Às vezes, me atrevo e, escutando somente meu cansaço, tiro uma soneca escondido em um amontoado de pranchas, o que é muito perigoso e pode custar caro em caso de descoberta.

Durante esses deslocamentos, estou sem parar em busca de comida, mas encontro entre as pranchas apenas embalagens de pacotes de nossos companheiros detentos poloneses e me surpreendo ao sonhar diante de uma embalagem com um endereço de remetente. Para nós é impensável que alguém possa ter mantido relações com o exterior; às vezes encontro ínfimas migalhas de bolo ou de pão, alguns cristais de açúcar em dobras de papel; outras vezes, encontro cascas de maçã que como avidamente, mas, frequentemente, o papel está bem esvaziado de seu conteúdo comestível.

Vivo um período de repouso e de tranquilidade relativos, também de grande fome e esgotamento. Desde o acidente com o tronco de árvore, meu andar se tornou incerto, minhas coxas e panturrilhas são lugares permanentes de sensações estranhas:

sinto câimbras e formigamentos, minhas pernas estão insensíveis, como se fossem de algodão, elas emagrecem visivelmente muito mais rápido que o restante do corpo e se tornam duras e azuladas, com as panturrilhas retas, músculos enfraquecidos que acentuam as saliências dos ossos, ao passo que minha barriga, inchada devido à alimentação desequilibrada de farinhas sem vitaminas, contrasta com o peito descarnado. Minha cabeça está vazia e ouço zumbidos, muitas vezes tenho uma visão dupla ou turva e devo fazer um esforço para olhar reto à minha frente para fixar um objeto.

É desse período que data uma ferida infectada no terceiro dedo do meu pé direito, que só irá sarar depois de minha libertação. Começou com um arranhão devido aos tamancos de madeira e à ausência de higiene; se pude lavar meus pés uma ou duas vezes, só muito tempo depois consegui lavar minhas meias e não podia nem pensar em trocá-las! Tornaram-se lisas e escuras pelo suor e pela lama de três meses. Essa ferida, mínima no começo, terá, mais para frente, um papel decisivo, e se por um lado ela me fará sofrer muito, por outro, contribuirá demais para salvar minha vida.

Entregues à miséria de nossa condição, esgotados, famintos, esfarrapados, somos pobres alunos, pouco dedicados em assimilar as delicadezas do trabalho de pedreiro; assim, o projeto de formar uma equipe de construtores é rapidamente abandonado e somos empregados em tarefas subalternas. Somos repartidos em equipes: uma mistura a argamassa, outra transporta os tijolos ao longo do dia, "em cinco" no ombro, ainda outros carregam sacos de cimento ou de gesso, pesando cinquenta quilos, às vezes por grandes distâncias. Um trajeto realizado com uma carga dessas sobre os ombros constitui, no estado em que estamos, uma verdadeira façanha.

Primeiramente, fiz tudo isso em alternância, mas, por fim, tive a sorte de me especializar em uma função que apresenta claras vantagens, me tornei carregador de água. Acho que não tinha boa aparência, pois formo equipe com um camarada idoso, homem muito doce e resignado que foi preso com toda a família na zona livre durante uma ronda da Gestapo. Nosso trabalho consiste em tirar água de um poço com a ajuda de um balde preso em um gancho, em levá-lo até o canteiro e esvaziar seu conteúdo em um barril, onde os pedreiros o utilizam de acordo com suas necessidades; temos paz enquanto os barris continuam cheios. Claro, é preciso sempre parecer estar fazendo algo, está fora de cogitação se sentar. Vigiamos os arredores do poço e se um SS ou um "comandante" estiver à vista, fazemos o simulacro de trabalhar e pouco importa se o balde sobe pela metade ou até mesmo inteiramente vazio.

Às vezes há um alerta, o chefe acha que a água não nos dá trabalho suficiente e nos encarrega de outra tarefa, as equipes de pedreiros são duplicadas e o trabalho acelera, de modo que temos dificuldade em acompanhar e somos repreendidos. Em outros momentos, há uma obrigação geral de carregamento de cimento ou de cal, momentos temidos por todos: enfraquecido ao ponto de ter dificuldade em arrastar meus baldes de água, carrego um saco de cinquenta quilos sobre meus ombros, sob o medo das pancadas e, às vezes, percorro distâncias consideráveis. Devo prestar muita atenção para que o saco não escorregue e caia, pois é impossível pegá-lo do chão e os camaradas estão ocupados com seus próprios problemas; é necessário evitar rasgá-los, o que muitas vezes é impossível visto que os sacos estão molhados em algumas partes e um início de rasgo aumenta com o peso do conteúdo; nesses casos, é preciso tapar com a mão o local danificado ou rasgado. Qualquer erro é taxado de "sabotagem" e leva à sanções das quais as menos graves são castigos corporais imediatos.

Uma vez, participo de uma tarefa particularmente árdua, cujos menores detalhes ficaram gravados na memória: transportamos sacos de cal por uma distância de aproximadamente duzentos e cinquenta metros, com o último terço em subida e em um ritmo acelerado. Depois do primeiro trajeto, eu caio, extenuado, ofegante, com a cara no chão, indiferente ao meu destino, pedindo para que acabe o mais rapidamente. Um SS passa ao meu lado e me pergunta por que estou deitado e lhe respondo que acabo de carregar um saco e que não aguento mais; surpreso com minha ousadia, ele continua seu caminho sem fazer a menor observação. Espantoso ter podido ficar deitado na presença de um alemão sem ser espancado no local!

Os dias de obrigação de carregamento me deixam extenuado de cansaço, mas também há dias calmos. O verão tardio é esplêndido, há geada branca de manhã durante a chamada que persiste por duas ou três horas, mas, apesar de uma brisa fresca permanente, faz um tempo bom desde o nascer do sol. Esse tempo bonito e seco persiste por várias semanas e apesar das circunstâncias, admiramos os nasceres e os pores do sol, a mudança lenta das folhagens das árvores no exterior do campo: é o "outono dourado da Polônia", do qual os poloneses se orgulham. A chegada do rigor dos invernos da Alta Silésia está próxima.

A grande desinfecção

Com o fim da minha atividade de carregador de água se aproximando, estava melhor organizado: pude lavar meus pés e minhas meias desemparelhadas com muita água, secá-las em cima de várias tábuas. Esta operação, tão simples e tão banal na vida normal, me causa um bem-estar imenso, mas não tomo banho.

Por mais que existam grandes operações de desinfecção coletiva como atos de limpeza, essas sessões não são um relaxamento, bem ao contrário. Esses grandes impulsos de higiene acontecem alternadamente, barracão por barracão. Bem cedo pela manhã ou ao cair da noite, somos conduzidos a um aterro onde uma estufa rústica está sob pressão. Muito rapidamente, nos despimos todos juntos. Começa um ritual que se repete a cada 15 dias: obedecendo ao comando, estendemos o casaco que tínhamos recebido antes, jogamos os outros trapos por cima, o dobramos e amarramos tudo com a ajuda de um barbante quando possível ou atamos uma manga na outra; o número costurado no casaco deve ficar aparente para que encontremos as roupas depois da desinfecção. Os sapatos são separados, não passam pela estufa, muitos tentam esconder neles alguma recordação salva depois de surpreendentes peripécias. Desse modo, pude guardar, por várias desinfecções, duas fotos da minha mulher de quando nos casamos, escondendo-as na ponta dos meus sapatos; mas ainda era preciso encontrá-los já que os sapatos não eram numerados!

A estufa esquenta enquanto nos despimos e quando tudo ocorre normalmente, as primeiras fornadas de roupas saem ao mesmo tempo que os primeiros homens tomam suas duchas. Na verdade, a máquina quebra durante a maior parte do tempo e permanecemos nus por horas, tremendo, enquanto verifica-se o fechamento hermético do cilindro ou de um tubo sem solda. É tão frequente que podemos pensar que fazem de propósito. Ficamos encostados uns nos outros em pé, tremendo, é proibido se sentar. O sofrimento é tão forte que ninguém fala mais. Finalmente, a coluna sacode, começa um empurra-empurra pontuado pelas pauladas do enfermeiro alemão tentando jogar as roupas dele antes dos demais na estufa; a lavagem completa dura vinte minutos por fornada; são horas, longas horas tomadas do repouso noturno. Esgotado demais para lutar contra os outros, geralmente fico para o final.

Assim que as roupas começam a ser colocadas dentro da estufa, nos alinhamos para a ducha formada por três bocas de regadores dos quais escapa um filete anêmico e, de vez em quando, uma brusca descarga de água fervendo. Apresentamo-nos cinco de cada vez em meio ao turbilhão e sob as surras dadas pelo enfermeiro. Frequentemente, isso se resume a algumas gotas de água sobre o crânio e as mãos. Secar-se com uma toalha coletiva é uma rara proeza, assim, depois dessa falsa pretensa limpeza, nos resta apenas nos precipitarmos sobre os duzentos e cinquenta pequenos montes formados por sapatos e cintos e reconhecer os nossos, tateando no escuro. É essencial encontrar os sapatos, além das fotos que me são caras, estou acostumado com meus tamancos que cabem bem nos meus pés. Enrolados numa fina coberta, vamos todos pelados em direção ao Bloco, onde esperaremos ainda por muitas horas a devolução do pacote de roupas distribuído aos gritos dos números aparentes. Sonolentos, esperamos, fornada após fornada, a volta dos trapos. As sucessivas chamadas nos mantêm acordados quase toda a madrugada.

Finalmente pego meu embrulho depois dessa longa espera e se tenho a sorte de que ele ainda esteja quente, com deleite, visto esses panos úmidos que cheiram à estufa e pego no sono apaziguado pelo calor.

O extermínio dos parasitas – particularmente piolhos portadores de tifo exantemático – é um simulacro: como esperar uma desinfecção eficaz, se os homens de antes e de depois da operação continuam se comunicando e se os sapatos por si só já garantem a continuidade dos piolhos?

Contudo, não havia parasitas em Jaworzno, talvez por conta do "clima saudável", como me dizia um velho triângulo verde. Mais tarde, tive a prova de que as sessões de desinfecção não adiantavam nada e nunca foram capazes de eliminar piolhos, pulgas ou percevejos, nem o tifo exantemático que exercia terríveis devastações apesar da multiplicação de sessões de desinfecção e do "controle de pragas". O único resultado era uma recrudescência de resfriados e um aumento da taxa de mortalidade.

Nessa época, quando era carregador de água, tive meu primeiro episódio de diarreia. Essa doença típica do campo de concentração, devido tanto à má qualidade da comida quanto a uma falta complexa de vitaminas, é das mais temíveis e mata várias vítimas. Por conta do nosso estado de fraqueza, ela se agrava muito rapidamente e a cura é muito rara. Mesmo recuperados, as diarreias enfraquecem ao ponto que não se pode mais resistir: edemas nas pernas causados pela má nutrição ou por uma complicação infecciosa levam muito rapidamente à morte. É o grande terror do campo e fico com muito medo quando minha diarreia começa, mas reajo: um camarada me traz um pedaço de carvão de uma madeira vinda de um *Kommando* exterior que, com a ajuda de duas pedras, pulverizo o mais finamente possível e engulo uma quantidade bastante grande com um gole de água.

No dia seguinte, posso torrar algumas fatias da minha ração de pão no forno da máquina de desinfectar instalada próximo ao poço e sinto o grande alívio em ver minha diarreia terminada ao fim de dois dias! Durante esse período de doença, não pude evitar incidentes constrangedores: sujo minhas roupas já que é proibido deixar o canteiro de obras durante o trabalho e as crises de cólica não esperam. Ainda em serviço, faço uma limpeza rápida na ducha e sou expulso, espancado por um supervisor que passa por ali.

Na verdade, os incidentes pouco me importam. Ingenuamente, tenho um objetivo. A construção da nova enfermaria progride rapidamente e minhas esperanças estão ligadas a ela, penso poder entrar ali como médico-enfermeiro (o termo exato é *Pfleger*, cuidador).

Fazendo parte de uma equipe de pedreiros, contribuo para a construção e conclusão do grande barracão de enfermaria que deve permitir a hospitalização de cinco vezes mais doentes do que o antigo barracão de madeira. O número de doentes e de homens esgotados aumenta a cada dia de modo assustador, o que tornou esta construção indispensável.

Construímos apenas as fundações, o prédio em si é confiado a um *Kommando* chamado *Barackenbau* (construção de barracões), pois será feito de madeira; eis minha esperança de passar da espátula à enfermaria perdida! Na vida normal, esse tipo de ilusão pareceria delirante, mas aqui, uma esperança insensata é necessária para manter viva uma vontade enfraquecida.

Sou designado para a construção de novas cozinhas, mas continuo girando em torno da enfermaria quase acabada, quando um dia encontro um dos cuidadores que é estudante de medicina em Praga; ele me dirige a palavra para me dizer que a enfermaria estaria em breve concluída, quando – que alegria! – talvez houvesse novidades para mim! Na hora, acreditei que deixaria de ser um número anônimo, que haveria uma mudança em minha condição que poderia me salvar a vida, pois era impensável poder sobreviver nessas condições. Minha esperança foi uma decepção, as coisas evoluíram de forma totalmente diferente.

A luta pela sobrevivência

Os dias passam e a degradação se acentua rapidamente; não reconheço meu rosto que, em um casual reflexo de vidro, de tão descarnado me parece ser o de um desconhecido, com olhos enormes no fundo das órbitas, um crânio desnudo, onde se distinguem dois triângulos de calvície subindo pela testa.

Minhas pernas emagrecem ao extremo, meus pés se cobrem de feridas supurativas nos dedos e calcanhares, minhas mãos estão azuis e feridas invadem o dorso de vários dedos e escorrem, supuram sem possibilidades de fazer um curativo. Meu corpo é de uma extrema magreza e as arestas salientes dos meus ossos doem em cima do estrado, apesar do cansaço, a dor me desperta várias vezes durante a noite e mudo de posição para me aliviar. Manchas vermelho-violeta aparecem nos pontos de pressão que aumentam e se agravam, ao ponto de invadirem quadril, ombros e cotovelos.

Apesar da magreza, meu corpo me parece cada vez mais pesado. Sentar e realizar alguns gestos contidos para vestir minhas roupas e calçar os sapatos se tornaram um suplício indescritível. A ferida infectada do meu dedão do pé está rodeada por uma mancha vermelha. O dedão e o antepé incham progressivamente às custas de dores agudas, de milhares de agulhadas que recebo ao colocar meu pé no sapato.

No entanto, a marca principal desse período é a fome: o organismo ainda não está adaptado à insuficiência do suprimento de comida, funciona ainda normalmente e pede dolorosamente sua alimentação. A fome é poderosa, submerge tudo. Há algum tempo, renunciei à bebida matinal morna que não acrescenta em nada, prefiro evitar a confusão em torno do "café da manhã", mas as sete ou oito horas durante as quais é preciso passar com o estômago vazio, desde o despertar até a sopa do meio-dia, são muito difíceis.

Quanta astúcia é necessária quando chega a hora da refeição! Desde antes do gongo do meio-dia, no momento da passagem do ônibus de cinco para o meio-dia, começamos a nos dirigir, imperceptivelmente, em direção ao Bloco, tentando ser mais rápido do que o vizinho na esperança de uma sopa mais espessa; somos apenas 15 ou 20, mas todos querem estar na primeira fila, pois o servente mergulha primeiro sua concha no fundo da lata duas ou três vezes para misturar a sopa: é uma tradição do campo, um gesto destinado a deixá-la mais homogênea, mas na verdade ela decanta rapidamente e os próximos ficam apenas com uma sopa clara, o fundo fica para a equipe que se serve por último.

A sopa, que continua sendo feita com cevada, rutabaga e cascas de batata, solidifica-se assim que esfria, sem nunca conter nenhum resquício de carne, luxo supremo. É servida em tigelas de cerâmica branca, contrastando com o estado de sujeira das batatas que soltam nuvens de areia e de terra e formam um acúmulo mais ou menos elevado, dependendo da coragem ou da repulsa de cada um.

Nunca há distribuição de colheres. Isso se fazia antes, contam os veteranos, mas elas desapareciam muito rapidamente e a prática foi abandonada. Há os que lambem sua sopa diretamente da tigela, mas os que conservaram algum resquício de preocupação com os bons modos ou o senso prático e buscam uma colher, já que uma certa quantidade de quando eram distribuídas ainda circula. Eram roubadas e escondidas por sucessivos proprietários, algo bem característico do campo, e sofriam modificações de todo tipo para não serem reconhecidas: desgaste prolongado de certo desenho ou cabo arredondado por uma pedra batendo na colher a fim de deformá-la. Tais mutilações são praticadas tanto para assegurar a propriedade precária quanto para evitar ser acusado de sabotagem, o que leva às mais graves sanções.

Alguns têm a coragem de fabricar colheres de madeira com a ajuda de ferramentas rudimentares: cabo de colher desgastado por uma pedra, pedaço de ferro achatado e afiado, nos quais trabalham durante horas tomadas de seus sonos. Admiro esses lutadores. Combatem com uma energia feroz a estagnação se apegando a um interesse menor, mas que lhes é pessoal. Eu não tive coragem de gastar energia por mim mesmo e continuo confinado numa atitude de inércia física, ainda que coloque uma carapaça de recusa total a todas as tentativas de humilhação e de rebaixamento; registro tudo o que acontece, mesmo em pleno desânimo e involuntariamente, com uma curiosidade que nunca falta.

Também tive minha colher: a consegui num tropeço. O cabo enferrujado emergiu curiosamente desse chão de areia estéril, onde, exceto fragmentos de papel de sacos de cimento, não há nada a encontrar, nada utilizável e muito menos comestível. Para retirar a ferrugem que a cobre, a esfrego com terra e a utilizo durante algum tempo, pois aqui nada é duradouro.

Cheguei ao campo de Jaworzno nos primeiros dias de agosto de 1943 e fui evacuado em janeiro de 1944. À minha chegada, havia somente doze barracões recém-construídos, pintados de verde, alguns ainda inacabados, mesmo as cozinhas estavam em barracões de madeira.

A enfermaria do campo, constituído na época por três mil homens, comportava apenas doze beliches e ocupava somente um sexto da superfície de um dos barracões de habitação, o restante continha todos os serviços administrativos e técnicos ocupados por detentos privilegiados, a maior parte poloneses. No entanto, os presos desse campo eram reduzidos ao estado de cadáveres ambulantes, com exceção dos quinhentos recém-chegados, que garantiam periodicamente a reposição de "material" fresco. Somente estes últimos estavam bem conservados, mas se fundiam rapidamente na massa.

Durante esses meses de verão, havia em média uma dezena de mortes por dia, mas poucos passavam pelos leitos da enfermaria que eram reservados aos privilegiados. Os deportados comuns, essencialmente judeus franceses e gregos, tinham acesso a eles apenas com quarenta graus de febre ou com uma grave condição cirúrgica, como uma fratura ou um fleimão extenso.

Aliás, para eles, a hospitalização equivalia a uma condenação à morte: a maioria foi evacuada para o campo de extermínio de Birkenau e imediatamente morta na câmara de gás. Os que saiam "curados" – eram chamados assim por escárnio – de uma doença grave, de uma pneumonia, por exemplo, não conseguiam nunca encontrar um equilíbrio suficiente para sobreviver, encaminhavam-se fatalmente, em algumas semanas, no máximo, em direção a uma caquexia terminal com inchaço extensivo.

É durante este mês que o inimigo empreenderá a edificação do campo "definitivo" e que somos precipitados para um programa de construção rápida a ser terminada antes do inverno. Esse ambicioso programa, em ritmo acelerado, não contribui em nada para a qualidade da obra. Primeiramente, construímos o barracão da enfermaria com fundações edificadas. Em seguida, um grandíssimo prédio central, futura cozinha e armazém para provisões, tudo com tijolos. Depois, em um mesmo prédio, as duchas e a lavanderia e ainda uma casa perto da saída para a campina, por onde se vai – como soube mais tarde – rumo ao canteiro de construção de uma usina elétrica, lugar de trabalho dos *Kommandos* exteriores.

Essa última casa é destinada aos sentinelas do posto de guarda do portão e comporta um primeiro andar de habitações e escritórios no térreo. Nesse plano "colossal", a construção mais recente fica fora do muro do campo, em um campo anexo, menor, ocupado por guardas SS, em companhia de seus cachorros, encarregados do campo principal.

Todas essas construções fazem parte de forma imediata de minhas preocupações, pois trabalho ali e cada tijolo que acrescento, cada balde de água que carrego, diminui um pouco mais a resistência de meu organismo cambaleante. Esses muros são testemunhas de inumeráveis sofrimentos, foram levantados às custas da fome, do frio, dos espancamentos, da insônia, suportados pelos camaradas que morrem durante a tarefa.

Somos incorporados a um pequeno *Kommando* de seletos indivíduos poloneses, pedreiros, com os quais contrastamos impressionantemente. Os alemães nos aplicam o método habitual deles. Primeiramente, o homem é rebaixado pela qualidade, tamanho e estado das roupas que lhe são distribuídas: as roupas estão esfarrapadas e nunca ajustadas, intencionalmente pequenas demais, com mangas curtas ou, ao contrário, muito compridas, sempre destinadas a nos tornar ridículos. Meu casaco é largo demais, com mangas muito curtas, minha calça bate na metade da panturrilha; tenho apego ao meu casaco que tem uma das mangas rasgada, pendurada, quase arrancada, porque é feito com um tecido "ersatz" mais grosso que os outros e porque o inverno está chegando. Outro elemento de desprezo, tanto da parte dos alemães quanto dos privilegiados, é nossa magreza extrema devido à comida insuficiente. Outras circunstâncias completam o quadro: os gritos e os assédios morais, a agitação incessante na qual somos mantidos permanentemente, sobretudo a sujeira, resultado de todo o resto e da qual nos livramos raramente por uma força de vontade desesperada.

Uma vez atingido esse estágio, não é difícil para eles nos confrontar com os poloneses bem-alimentados, saudáveis e gordinhos que usam também uniformes listrados, mas com corte decente e adornados de elementos pessoais, como camiseta de manga longa, um par de luvas de malha ou bons sapatos que recebem de suas famílias.

Esse contraste gera chacotas triviais de todos os poderosos do campo, para quem francês equivale a indivíduo sujo e preguiçoso, totalmente desprezível. As intimidações e ameaças um pouco sérias constituem um passatempo amplamente explorado por todos que não são franceses ou gregos.

Mesmo com esses inconvenientes é um emprego relativamente bom, pois apesar de tudo, existe um tipo de camaradagem entre os dois grupos díspares, o que nos garante uma relativa tranquilidade, desde que façamos o nosso trabalho. Entre nós, alguns adotam uma atitude que lhes parece coerente com o seu interesse imediato: contentar os chefes a qualquer custo fornecendo um esforço sobre-humano. Há equipes de dois homens que carregam, sem parar, cargas de cem a cento e vinte quilos de argamassa, dentro de caixas em forma de losango com duas barras pregadas nas laterais servindo de alças. Eles pegam a argamassa do chão, onde ela é misturada, e a elevam usando tábuas inclinadas até os andaimes, sem murmúrio e sem falhas.

Por precaução, opto por uma atitude diferente: me esforço, mais uma vez, em gastar a menor energia possível, prestando atenção em não ser notado. Quando levo uma carga de cinco tijolos no ombro, ando muito devagar, arrastando minha perna doente de um modo imperceptível e executo meu programa de "grève perlée"[12] apesar das manifestações de impaciência do supervisor e dos pedreiros. Penso – e os acontecimentos futuros

---

12 "Greve de braços caídos" ou "operação tartaruga", quando os trabalhadores realizam o trabalho com lentidão ou reduzindo a produção, sem que haja suspensão coletiva do trabalho. [N.T.]

me darão razão – que já que não tenho como aumentar o meu aporte calórico, devo adaptar meu esforço. O que recebemos é notoriamente insuficiente para sobreviver trabalhando. Então, fico durante longos momentos, escondido atrás de um muro, atrás de uma chaminé inacabada com meus tijolos no ombro, espiando aqueles que poderiam manifestar um interesse por minha inatividade. Se por um lado as consequências imediatas dessa atitude são desastrosas, pois sou mal-avaliado, por outro, ela contribuiu para postergar o desfecho fatal e alcançar o momento de uma reviravolta ao meu favor.

Nessa época, como já disse, a fome foi o fator decisivo, dominando tudo. Pode acontecer que recorramos a meios temerários para conseguir um suplemento de comida. Trabalhando dentro do campo, temos o privilégio de assistir à chegada do pão; a cada três dias um caminhão traz um carregamento de pães, provisão até o próximo transporte. O caminhão para dentro do campo, mas longe da cozinha e do armazém. Todos os presentes participam da tarefa de carregamento das bolas de pão. Deve-se atravessar a praça de chamada rapidamente em toda a sua extensão com uma pilha de dez pães de um quilo nos braços, se desfazer da carga em um amontoado que se forma e voltar correndo no sentido contrário, rumo ao caminhão. Esse transporte rápido ocorre entre duas paredes de *Kapos* armados com cassetetes, que balançam ao nos assediar: "Rápido! Mais rápido!". Nessas condições é muito difícil roubar, mas, correndo, arranco beiradas de pães mantendo a pilha em equilíbrio no braço e enfio os pedaços conquistados na minha boca para engoli-los quase sem mastigar. Não é muito rentável, só posso fazê-lo três vezes em uma dezena de viagens pelo medo de ser notado e receber uma surra, pois isso também é sabotagem. Em volta do caminhão a vigilância é ainda mais estreita, os próprios alemães ficam ali armados com matracas e chovem pancadas ao menor gesto suspeito. Apesar da ameaça, há uma aglomeração constante dos carregadores na parte traseira do caminhão, tão grande é a tentação. A despeito dos maus-tratos e ameaças de vinte e cinco chibatadas nas nádegas – o preço para um pão roubado –, os roubos de pão são muito numerosos, cometidos sobretudo pelos poloneses que quase nunca são pegos em flagrante, graças à cumplicidade de alguns supervisores da operação. Eles não deixam de dividir o saque, pois mesmo para pessoas saciadas, o pão é uma moeda de troca para todo tipo de escambo frutuoso.

Certa vez, acho um pão e meio escondido na areia que um ladrão perseguido teve que abandonar ali. Testemunhas me viram pegá-lo e não posso me beneficiar dele sozinho. Entrego o pão ao supervisor que, tão confundido com essa sorte inesperada, o divide conosco imediatamente, não por bondade de alma, mas porque ele mesmo teme ser acusado de roubo. Tenho menos fome nesse dia memorável, e assim como todos os dias de transporte de pão, ele ficou gravado na minha memória.

Um dia, somos colocados em outro canteiro de obras, começamos a construção do pavilhão dos sentinelas, perto do portão do *Kommando*. Os dias encurtam, as noites são frescas e de manhã a geada branca substitui o orvalho; as primeiras horas de trabalho que começam com a aurora são particularmente penosas; nossos dedos, emagrecidos e quase transparentes estão roxos e dormentes por causa do frio matinal. Durante a imobilidade da chamada, trememos em nossos trapos e é necessário sempre mais horas ensolaradas para apagar a impressão difícil das primeiras horas. Durante o dia, o sol é quente e compensa o sofrimento matinal.

Os primeiros dias no novo canteiro de obras são dedicados à construção de andaimes. Para começar, deve-se transportar as pranchas de duas em duas formando um V invertido, elas são destinadas a sustentar o andaime. Cada peça é volumosa e muito pesada e me esquivo o maior tempo possível, demorando na saída e na chegada. Contudo, não se pode ser descoberto. Não temos o direito de carregá-las em duas pessoas. É realmente muito pesado, carrego apenas dois conjuntos.

Assim que montamos os andaimes, recomeço a carregar tijolos, ainda é a atividade mais fácil. Conosco há um polonês originário de Varsóvia, mais velho que eu, que efetua o mesmo trabalho de manobra. Esforça-se, aparentemente, em manter conosco relações cívicas de homem educado. Trocamos palavras cordiais, nos saudamos polidamente. Fala um pouco francês e tem orgulho de mostrar a todos seus conhecimentos. Nesse ambiente, as nossas relações amáveis têm um quê de adulterado, tenho impressão de efetuar a saudação dos gladiadores que entram na arena, de tanta falta de naturalidade. Essas relações cordiais não vão durar, não sobreviverão às dificuldades de chegada dos pacotes de provisões do nosso companheiro polonês. À medida que sua resistência física se torna mais fraca, ele começa a nos xingar grosseiramente, delatar, contar aos pedreiros que não queremos trabalhar e acaba atraindo sobre nós uma atenção malévola. O ódio deles nos era destinado logo de cara.

Um desses pedreiros, um grande rapaz com uma feição convidativa, quase simpático, tem a mania de se vangloriar de suas façanhas da época, bendita para alguns, durante as quais assassinar um camarada de sofrimento dava direito a um pão a mais. Ameaçando-nos com seu martelo, se gaba de ter ganhado até três por dia! Quando o trabalho não avança o suficiente a seu gosto, ele levanta o martelo e só com um meio riso diz *chleb* (pão). Mas não se mata mais de maneira direta e aberta, faz-se com organização, com prudência, pois já se passou muito tempo desde a queda de Stalingrado. As violências corporais são, aliás, oficialmente proibidas. Essa regra é, entretanto, respeitada incompletamente. Se os homicídios se tornaram mais raros, ainda há espancamentos e o sistema sempre leva a um assassinato sistemático por meios indiretos.

Certa manhã, não consigo resistir à vontade de comer uma fatia de pão no canteiro de obras. É o dia seguinte de um "suplemento" (uma vez por semana, recebemos um terço de pão e uma fatia de salame, além da porção habitual). Tinha guardado na véspera esse suplemento às custas de um duro combate comigo mesmo. Debaixo do andaime, como escondido, pois comer durante as horas de trabalho ainda é interpretado como "sabotagem". De repente, sinto um choque e uma dor brutal na região do sacro: "o homem dos pães" acaba de se aproximar em silêncio e me dá uma martelada violenta. Ficarei durante semanas com uma dor agudíssima nesse local.

Não sei mais quanto tempo duraram as obras na porta dos *Kommandos*, me recordo somente que meus dedos grudavam nos tijolos cobertos de gelo, que começávamos o trabalho enquanto o sol não tinha nascido, que passávamos frio nos pés nos sapatos rasgados e esperávamos com terror a chegada do inverno. Era impensável sobreviver nessas condições e o frio nos prometia um acréscimo de sofrimento desconhecido até então.

Lembro-me também do comportamento diferente dos indivíduos frente aos nossos problemas, cada um enfrentava de acordo com seu temperamento e sua personalidade, desmascarado pelo desaparecimento dos bons costumes sociais que ficaram na entrada do campo: um de nossos camaradas, desonesto, sem escrúpulos, medroso ao extremo, sempre foge das tarefas e dá um jeito de evitar o pouco trabalho indispensável para que os pedreiros tenham material à disposição, dessa maneira, expondo todos à graves sanções. Ele se esconde e descansa sem se preocupar com os camaradas; outro, pelo contrário, se esforça por conta própria, reage com força para agradar ao supervisor e consente em pagar o preço disso: se esforça arduamente, de forma sobre-humana, faz o papel de intérprete usando o polonês rudimentar que sabe, vigia os outros e delata de vez em quando para ser bem-visto. De imediato, ele terá direito a uma torrada suplementar, mas ninguém é dono do seu destino aqui e os dois morrerão muito rapidamente, esgotados pelas forças e pelas espertezas, abatidos pelo desgaste irremediável do organismo.

Em uma manhã, mudamos mais uma vez de zona. Aqui todas as mudanças acontecem no improviso e sem explicações. Voltamos ao edifício central, aquele destinado a receber a cozinha e os armazéns de reserva de alimentos, onde o primeiro andar começa a se esboçar, enquanto trincheiras estão sendo cavadas em volta, prevendo ampliações futuras. É preciso, primeiramente, terminar a cozinha antes do inverno que se aproxima e deve-se agir muito rápido: toda noite fazemos horas extras, os repousos do domingo são suprimidos. Os alemães passam sem interrupção das ameaças e gritos às bajulações e promessas de prêmios por rendimento em tabaco e alimentos, mas a data de distribuição é sempre adiada. Os pedreiros estão aterrorizados, o *Meister* (mestre de obras) grita e espanca. Os alemães acompanham a construção de muito perto.

Nosso trabalho tornou-se muito duro e perigoso: os condutores de obras, incluindo um arquiteto polonês, estabelecem as plantas sob ameaça, o trabalho está sempre mais desleixado: os andaimes são precários, os planos inclinados mal instalados e abruptos demais, mal aguentam o peso das cargas e os acidentes se multiplicam. Em ritmo acelerado, deve-se carregar tanques pesados de argamassa enquanto cada passo é penoso com nossos tamancos desgastados, sem cadarços, grandes demais, nos quais o pé escorrega ou torce. É um milagre que ninguém caia dos andaimes; mais uma vez é nosso instinto de conservação, sempre desperto, que nos protege, pois, uma queda levaria a uma fratura de membro ou a uma simples imobilização de alguns dias. Trata-se da evacuação rumo ao desconhecido e à morte quase certa. Agora sabemos disso por alusões mal disfarçadas dos *Kapos* e chefes de Bloco.

De vez em quando, uma parede deve ser derrubada e recomeçada por causa de um erro de planta ou de execução e a fúria dos alemães é sem limites. Depois de três semanas, as paredes estão terminadas e os carpinteiros iniciam seu trabalho. Como consegui subir no topo do telhado para ajudar os carpinteiros? Ignoro em que circunstâncias isso aconteceu, mas tenho certeza de que não tinha recebido ordem para isso. Um dia, acho que pensei que seria mais tranquilo trabalhar nos sótãos em três ou quatro com os dois carpinteiros. Comecei a carregar vigas e tábuas para eles e ali fiquei.

Era um fenômeno geral, próprio do campo: por um lado, uma disciplina muito rígida, onde cada falha levaria a sanções muito graves, frequentemente fatais, por outro, a possibilidade de se livrar de um trabalho e escolher outro por iniciativa pessoal, com a condição de que ninguém percebesse. Acho que era devido ao fato de que a organização do campo comportava uma hierarquia fictícia. Aqueles que eram encarregados de vigiar os outros, desde os SS até o último dos *Stubendienst*, estavam ocupados demais com suas próprias inquietudes do momento: os perigos que os ameaçavam por causa de suas responsabilidades, as provisões recebidas dos seus familiares, seus sonhos ou projetos de fuga. Desde que cada um tivesse um lugar na agitação geral, pouco importava qual, as aparências estavam salvas!

No campo, as situações são todas provisórias. A boa oportunidade que representa o episódio dos carpinteiros, onde meu trabalho se faz devagar e sem esforço notável, duraria só dois dias. Sou mandado para cavar as trincheiras, com duas pás de largura e um metro de profundidade, que servem de fundações aos novos edifícios-cozinhas. Somos vários cavando, distribuídos a alguns metros de intervalo. Nosso *Kapo* se chama Bleier, é um judeu de origem tchecoslovaca, ao qual não somos antipáticos e que nem de longe é um bruto, espécie rara entre os "poderosos".

Tudo acontece devagar, sem vontade, levantamos meias pás de terra, que jogamos sem impulso sobre o aterro ao longo da trincheira. Fazer aquilo durante um dia, escondido até metade do corpo, ajuda a escapar mais facilmente da vigilância. No segundo dia desse trabalho monótono, provavelmente, baixei a guarda; volto à consciência depois de um choque violento e doloroso no peito. Levanto a cabeça e avisto na ponta da fossa um par de botas e mais acima um rosto inchado e olhos vermelhos, turvos pela bebida, o conjunto todo coberto por um chapéu: é o adjuvante SS chefe de *Kommando* que acabou de me dar um pontapé, mas isso não foi mais longe, provavelmente, ele estava bêbado demais para me sancionar.

Quando há uma tarefa de interesse geral em algum lugar, recorre-se a homens visíveis; enquanto eu cavo, sou chamado à cozinha para ajudar a carregar um tanque de sopa que pesa cinquenta quilos, cuja tampa está presa. Me dou conta a que ponto estou enfraquecido: mal consigo dar alguns passos com minha carga e solto a alça do meu lado, felizmente para mim, sem virar a sopa. Recebo apenas alguns xingamentos e volto para o meu trabalho.

Canteiro de obras

O dia seguinte é fatal. Claro, minha aparência não é boa. Por meu aspecto geral, minhas roupas, meu rosto descarnado e triste, sou do tipo mau prisioneiro do campo de concentração, aquele que não soube se adaptar: bochechas e mãos roxas, alto, um pouco encurvado e de uma magreza extrema. Estendo um pouco a perna direita por conta da ferida que não para de piorar.

Minhas roupas estão desastrosas: o casaco curto, com mangas muito curtas e remendadas nos cotovelos com a ajuda de diferentes tecidos, uma touca redonda enfiada até as orelhas, pareço esperar os espancamentos. Na verdade, aguardo-os, os golpes de bastão e os do destino; não espero mais nada, não acredito em mais nada. Indiferente a tudo, apenas temo sofrer antes do fim.

Cada movimento é uma dificuldade infinita, sinto violentas câimbras musculares no corpo todo, sobretudo à noite e que não me abandonam durante o dia; executo cada movimento em câmera lenta e nada mais consegue me tirar desse torpor. A partir de agora – sem delimitação precisa, claro –, minha própria experiência física se torna um verdadeiro pesadelo permanente.

Mudei também psiquicamente, regredi: me tornei indiferente, mas continuo lúcido. Indiferente às humilhações, aos gritos, aos xingamentos, até mesmo às surras, e esta indiferença – inconsciência ou fatalismo – me protege, como uma carapaça contra os choques morais. Lúcido e observador, examino meu sofrimento, contra a minha vontade, noto todas as fases da minha degradação física e com o automatismo de uma câmera registro tudo o que acontece ao meu redor.

Minha situação no *Kommando* de pedreiros se tornou insustentável. Minha condição física e minha atitude de recusa ao trabalho levam meus chefes a me considerarem um mau elemento, irrecuperável. Pedi para ser mantido, mas no fim das contas não tinha mais importância, não esperava mais nada.

Vários camaradas que haviam chegado comigo em Jaworzno desapareceram, outros estão espalhados, alguns na mina, outros no *Kommando* exterior. Pouquíssimos conseguiram ocupar uma função que lhes valesse uma trégua: um relojoeiro exerce tranquilamente sua função no barracão, consertando os relógios dos SS; outro se tornará, por sua astúcia e brutalidade, chefe de Bloco; dois outros são iluminadores de mina. Todas essas pessoas estão provisoriamente protegidas no sistema de extermínio. Não é o meu caso.

Em uma manhã de outubro, o chefe de trabalho me diz para ficar separado do grupo de pedreiros. Não fico surpreso. Enquanto espero sozinho num canto, passivamente, com os braços pendentes, o guarda SS que tinha me dado um chute no peito se aproxima de mim e dá um violento chute entre as coxas. Faço um movimento de recuo, insuficiente para me esquivar. Tão logo, sinto uma dor muito forte nos órgãos genitais que me obriga a me curvar. Não desmaio, mas a dor volta, ritmada, a cada cinco minutos durante todo o dia. Vejo a face contraída e vermelha de raiva do SS, seus olhos vítreos, embaçados, enquanto ele me bate. Nunca esquecerei esse rosto.

Sou enviado ao *Kommando* exterior; a mudança é simples. Não tenho bagagens, nenhum bem, possuo apenas os trapos que visto porque não despertam nenhuma cobiça, e um par de tamancos com solas de madeira. Devo somente me colocar em fileiras em uma coluna imensa, alinhada em outra parte do campo para a chamada. Não conheço ninguém. Preferiria permanecer no mesmo Bloco, onde tenho alguns amigos, mas é impossível. Depois da minha primeira saída em *Kommando*, sou integrado a um Bloco diferente.

Ao fim da chamada, durante a qual sou incorporado da maneira mais simples – meu número tatuado no antebraço está inscrito na lista do grupo –, toda a imensa fila composta de mais de dois mil homens se dirige em fileiras de cinco em direção ao portão dos fundos do campo, o que dá para o prado. Todo o comboio para diante do portão de madeira. De dentro do portão, há o grupo de *Kapos* do *Kommando* que faz a contagem durante a passagem das filas de cinco, como se contasse gado. Do lado de fora, um grupo de SS, responsável pelo *Kommando*, nos recepciona e verifica a contagem. Um grupo inteiro de soldados armados com fuzis-metralhadoras cerca cada lado da serpentina, com as armas apontadas. O ritmo da contagem dita a velocidade da marcha. Fazemos paradas frequentes, os SS correm excitados, gritando ao longo da coluna, contando e recontando, depois a coluna começa a se mover definitivamente, ladeada por soldados. É um desfile alucinante: as primeiras fileiras estão distantes na nossa frente, não as vemos, as percebemos pela poeira que levantam no nascer do sol... Ainda é outono, o céu está sem nuvens. Ao longe, em uma plantação de trigo, algumas mulheres com vestidos de cores vivas estão debruçadas trabalhando. Imagem de paz e de vida, ignorada há muito tempo.

Avançamos rapidamente sob ameaças e gritos dos sentinelas SS. Não se pode de jeito nenhum perder a fila, o que é muito difícil: não é uma estrada, é um caminho de terra cheio de rastros impregnados de lama seca, sobre os quais meus pés se torcem e ameaçam deixar os sapatos. Vejo diante de mim apenas um rebanho de costas listradas de azul e cinza. Toda a minha atenção está dirigida para a fila que me precede e que devo seguir do mesmo modo, sob pena de morte.

Aqueles que vejo estão apáticos e descarnados, todos têm os olhos aumentados pela fome e por um medo animal. A paisagem é suave, atravessamos primeiramente plantações, depois vemos ao longe a beira de um bosque de pinheiros e, entre os dois, traços de neblinas de algodão sobre a planície do terreno. O silêncio absoluto contrasta com o seco estalar dos canos das pistolas e os gritos roucos de nossos sentinelas.

Tudo isso é tão irreal que me parece um pesadelo que teria tomado forma, me sinto duplicado e um outro *eu* observa avançar o escravo de roupa listrada que eu me tornei. Vendo os espaços abertos, um sentimento de liberdade para sempre perdida me invade dolorosamente.

A caminhada, bastante rápida, se efetua sob o signo do medo: algumas conversas sussurradas são trocadas em estilhaços entre vizinhos, xingamentos em voz baixa voam de fileira em fileira, do tipo: "Você está pisando nos meus pés!" ou "Ande mais rápido! Não quero receber uma surra por tua causa!". Somos todos parecidos: rasgados, extremamente magros, curvados. Muitos arrastam atrás de si pedaços de tiras de papel ou pano que ficam pendurados de uma ferida ou de um pé dolorido. Essa marcha forçada dura por volta de meia hora e, estimo, cerca de três quilômetros.

Finalmente, chegamos a um vasto canteiro de obras cheio de construções inacabadas, com pedaços de paredes de concreto por todo lado, com armaduras de ferro eriçadas, coberto por montes de areia, fossas de cal imensas, misturador de concreto, tijolos e vigas entulhadas. No meio desse encavalamento, alguns barracões pequenos estão espalhados sem ordem, trilhos normais de via estreita fincam o espaço, com vagões pequenos e grandes. Parece um canteiro de obras aparentemente normal; mas na verdade tem uma dimensão delirante: criado por um cérebro cruel, sob sua aparência anódina, é destinado à destruição de indivíduos por meio de um rápido desgaste.

Somos constituídos em equipes; a minha deve deslocar tijolos a uma distância de uns vinte metros e organizá-los em montes regulares. No início, esse trabalho parece fácil: fazemos uma corrente e lançamos os tijolos um por um, mas logo a repetição do gesto se torna dolorosa. Os tijolos são frios e sua aspereza machuca nossos dedos emagrecidos pela desnutrição. Tento diminuir a dor utilizando um pedaço do meu casaco para evitar o contato com os tijolos, mas isso me deixa desajeitado, corro o risco de soltá-los e frear o movimento, o que é perigoso; resigno-me e no final do dia meus dedos estão com as pontas esfoladas, sangrando.

Durante horas, arrepios contínuos me percorrem, apenas por volta do meio-dia o frio diminui; ainda há sol, mas o vento frio varre este canteiro de obras. A fome imperiosa tudo domina. Ao meio-dia todo o *Kommando* é reunido num canteiro em grupos organizados por cinco homens. Um trem de vagões-plataforma carregado de latas traz a sopa do campo. As latas são rapidamente distribuídas entre os grupos e cada um de nós recebe uma pequena tigela vermelha. Passamos diante da lata e o conteúdo de uma concha é colocado numa vasilha mantida no nível da abertura dessa lata. Colocamo-nos em fileiras e engolimos três quartos de litro de sopa clara, na própria vasilha, pois não há colheres.

Durante este "almoço" o céu se fecha. Neva grandes flocos que caem na sopa e nela se dissolvem. Mal temos tempo de engolir o líquido e os homens circulam entre as fileiras, recolhem as vasilhas e as empilham na sequência. A refeição toda dura somente dez minutos; os únicos barulhos são os dos xingamentos dos *Kapos*, das sucatas das latas, da sucção dos homens que se nutrem, o que lembra uma matilha. As latas são vigiadas por guardas armados com bastões... Um bafo de calor e uma sensação de fome absolutamente insuportável me tomam; um profundo desespero me invade, penso em minha casa e reprimo minhas lágrimas...

A tarde é mais curta que a manhã, voltamos para o campo pelo mesmo caminho que da ida e ainda que se chegue bastante cedo, não há espaço para repousar, nem para os cuidados de limpeza. A chamada toma todo o tempo entre a chegada e a distribuição da refeição; vários dias se assemelham e penso que poderia aguentar um tempo no *Kommando* exterior, se não fosse o meu pé ferido, cada vez mais doloroso e que dificulta minha caminhada. Assim, o deslocamento para o canteiro de obras e o retorno para o campo constituem a parte mais penosa de minha nova existência.

Troco frequentemente de equipe. Estando destinados apenas às tarefas de manobras, temos uma certa folga quanto à escolha do trabalho. Assim, passo dos tijolos para a areia, do carregamento de sacos de cimento às vigas; nossos supervisores não são implicantes, desde que o número de homens que compõe uma equipe continue constante, faltando no máximo um ou dois. No dia seguinte, é dessa forma que posso descansar minhas mãos ensanguentadas carregando vigas e minha lombar dolorida cavando areia.

Um dia, quando estou encarregado pelas vigas, temos que transportar em dez, e por volta de 50 metros, vigas de tamanho e peso diferentes. Trabalho absurdo e sem utilidade – como se tivesse tido algum dia – destinado apenas a nos ocupar. É um chefe de obra que nos dirige e forma equipes de dois, reunidas do pior modo possível: um alto muito magro é o par de um baixinho robusto, ainda bem-conservado e musculoso. Rapidamente, ele se cansa desse jogo – pois é um jogo – e temos finalmente a possibilidade de escolher nossos companheiros de equipe.

Meu pé dolorido constitui uma grande deficiência, escolho, portanto, um jovem terrivelmente descarnado, que se move lentamente, arrastando todo o seu corpo com dificuldade; sua forma de se mover é como um lamento, próprio dos condenados que somos e dá a impressão de cinema em câmera lenta.

Colocamo-nos ao longo do monte de vigas e, primeiramente com o olhar, avaliamos os pesos, a fim de escolher as que correspondem às nossas forças, as mais curtas e menos espessas, na esperança de não ter que abordar as mais pesadas antes que todos se juntem ou que outras equipes nos substituam. Um de nós conta até três e levantamos a viga, primeiro até a altura dos quadris, em seguida, com um impulso, até os nossos ombros, um à esquerda, outro à direita. A carga é muito pesada para meus ossos à flor da pele. Cada passo é um sofrimento. Chegando ao outro monte, jogamos a viga num movimento conjunto, depois tentamos ganhar tempo e fingimos organizá-las, pois será necessário partir de novo com as mãos vazias e recomeçar a manobra.

O supervisor observa, nos pressiona com um bastão na mão, às vezes bate em nossas costas ou em nossos ombros e partimos novamente em ritmo acelerado. A partir do momento em que ele fica fora do nosso campo de visão, nos escondemos atrás de uma outra pilha e ali permanecemos conversando durante alguns instantes, com a mão em cima de uma viga e o olho atento.

É necessário retomar a tempo, pois algumas equipes mostram trabalho e o *Meister*, um gordo bigodudo, notou os retardatários e então se aproxima, grita e bate, mas sua cólera é breve e assim que ele vira as costas, o movimento desacelera. Meu companheiro de equipe é de uma magreza extrema: ossos salientes sob os trapos, bochechas vazias, os olhos no fundo das órbitas. Seu rosto expressa uma pura e nobre resignação, translúcido, como etéreo de inteligência e de sofrimento. Ele caminha diante de mim e não posso tirar os olhos de suas costas: sua coluna vertebral está toda torta, desviada para o lado, como se estivesse flácida. Ela não volta ao lugar quando ele joga sua carga, está fixa em sua deformação, o que traduz o esgotamento irremediável desse jovem organismo. Eu o questiono e ele me explica que chegou em Auschwitz com a mãe e um irmão mais novo, dos quais não tem notícias. "Estava em *Normale Sup*,[13] tinha muito sucesso e agora minha carreira acabou. Quero viver e combaterei até o fim, mas não tenho ilusões, sei para onde iremos. Em alguns momentos, só desejo uma coisa, que meus sofrimentos sejam encurtados!"

Trabalhamos juntos durante muitas horas, depois sou enviado para outro lugar e o perco de vista. Nunca mais o revi e nunca soube seu nome. Durante alguns instantes, esqueço de minha própria miséria e choro com lágrimas verdadeiras por este jovem de elite cujo inimigo impiedoso o tornou um grotesco espantalho de pássaros. Esse é apenas um exemplo dentre tantos outros...

É um país com inverno precoce, estamos em outubro e o outono avança rapidamente, os dias ensolarados acabaram, chove todos os dias ou cai neve derretida. Durante os momentos de sol, a brisa fria atravessa nossas vestimentas precárias.

Continuo a trabalhar nos tijolos e na terraplanagem com pá na areia. Um dia tenho que alimentar a betoneira com tudo o que isso implica: carregar os sacos de cimento e de cal, transportar a areia num carrinho de mão, misturar a argamassa. É a máquina que nos impõe seu ritmo. O excesso de trabalho e o medo de apanhar são tais que começo a ter alucinações, me identifico ao

---

13 *École Normale Supérieure*, um dos mais seletivos estabelecimentos de ensino superior na França, voltado à formação de pesquisadores e professores das áreas de humanas, ciências e tecnologias. [N.T.]

conteúdo da betoneira e sou eu quem ela amassa. Desde este dia, não pude mais ver uma betoneira e não sentir arrepios. Refaço a tarefa dos tijolos em condições mais duras que antes; meus dedos agora sangram ao menor contato. O frio é lancinante e não temos luvas.

As caminhadas de ida do campo ao canteiro de obras e as de volta são cada vez mais difíceis. Meu pé machucado torce nos desníveis do caminho e me arranca gritos. Sei que não poderei suportar isso por muito tempo.

Depois vem o dia em que desço até as fossas de cal. Trata-se de uma escavação imensa, em forma de pirâmide incompleta e invertida, cujas paredes abruptas e o chão devemos igualar com a pá. O trabalho em si não é difícil, mas a neve derretida e os turbilhões de vento não param desde o início do dia. Sinto um frio indizível e tenho arrepios permanentes; em um certo momento, sinto uma dor súbita e muito forte do lado direito, cada inspiração empurra ao paroxismo. Essa dor não me deixa um minuto e tenho a convicção de ter um derrame pleural. Na mesma noite, me apresento na enfermaria.

A enfermaria

A enfermaria é um barracão como os outros, mas montado sobre uma base de concreto. Subindo alguns degraus, encontra-se o acesso à porta de entrada. As admissões só acontecem à noite, durante o dia recebem apenas moribundos ou membros quebrados. Partindo do meu barracão, são cento e cinquenta metros a percorrer na escuridão. Tenho muita dificuldade em alcançar essa distância.

Durante o dia, o medo, bem como a vontade, devido a uma esperança insensata de sobrevivência contrária a toda evidência, nos mantêm em pé. Já vi camaradas saírem em *Kommando* até o último fôlego e serem trazidos de volta mortos. À noite, depois do dia de trabalho, o mínimo passo custa tanto em esforço físico e vontade que parece quase impossível se deslocar.

Lanço-me rumo ao meu objetivo, uma pequena luz em cima da porta, distante na noite escura; não enxergo nada e minha cabeça gira. Efetuo uma parte do trajeto rastejando de quatro. Quando tento me levantar, tropeço sobre as irregularidades do chão e nos trilhos dos pequenos vagões onde é preciso cruzar o aterro; consigo finalmente me erguer ao longo dos degraus e esbarro no fim de uma fila de espera que pisoteia sobre o chão bruto e enlameado. Iluminada por uma luzinha, a cena está mergulhada em um acinzentado: o chão e as paredes muito sujas, a lareira de ferro e até o aspecto dos doentes contribuem com essa impressão. Estamos todos magros ao extremo, vestidos com trapos e cobertos com uma espessa camada de poeira sobre nossas roupas, cabelos e partes descobertas. A cor do pó varia segundo o trabalho efetuado durante o dia: tijolo, cimento e, para a maioria, o carvão que está incrustado em seus rostos, cuja cor por si só diferencia os trabalhadores da mina que se vestem como nós, sem capacete ou vestimenta específica.

É a mina que fornece o maior resíduo, tanto pelas doenças como pelos acidentes. Muito mal alimentados, sem proteção alguma, trabalham em galerias mal sustentadas, onde chove sem parar, ficam com os pés na água. Somente os supervisores e os poloneses têm botas e capas de chuva. Não podem produzir um rendimento intensivo debaixo das pancadas e os acidentes, devido à falta de experiência e à fraqueza, são frequentes.

A fila se estica até o fundo do corredor, onde há várias portas de cada lado que permanecem fechadas à noite. Perto da porta de entrada, apenas uma delas fica aberta. De vez em quando, um doente sai para deixar o lugar ao próximo.

Um doce torpor me toma pouco a pouco neste lugar milagrosamente sobreaquecido. Os outros estão no mesmo estado. Alguns dormem, sentados no chão, cabeça sobre os joelhos, outros se apoiam na parede, olhar fixo, rosto imóvel, sem expressão. De vez em quando um movimento em cadeia se propaga na fila, depois a calma volta.

Acabo entrando na sala de "consulta". Três enfermeiros estão sentados em torno de uma mesa de madeira branca. Em frente a eles, há alguns potes de pomada e espátulas de madeira; todo o resto é de papel: montanhas de papel, compressas, pasta de celulose, faixas de papel crepom de todas as dimensões. Ouve-se ordens latidas, xingamentos e ameaças disfarçadas – "Você vai ter direito ao grande repouso!" ou "Bom para o crematório" –, todos esses ruídos sobre um fundo de papel amassado.

Há uma dezena de doentes na sala; vários esperam para passar pelo único verdadeiro "médico", o estudante tcheco que conheço. Estão agrupados em volta da lareira quente avermelhada, calça abaixada, e têm um termômetro no traseiro. O estudante me diz: "Então é você o médico francês!", e me estende o termômetro: "Toma, mede a tua temperatura". Coloco o termômetro na tampa da lareira, obtenho 39,9°; ao lhe devolver o aparelho, ele olha para mim sorrindo: "Você está brincando com a minha cara? Não está com febre!" Comento, então, sobre minha dor no flanco e sobre o meu pé. "Você acha que está numa pensão familiar? Você sabe bem que precisa ter 40 de febre para ficar. Dê o fora daqui e vá trabalhar!" "Mas você está vendo que estou esgotado. Não posso fazer mais nada." "Lamento." Responde num tom definitivo: "Não posso fazer nada por você". "Também estou com as partes íntimas inchadas!" "Deveria ter falado logo, com isso posso te deixar entrar, é cirúrgico." Ele me encaminha para um dos quartos, cujas portas, que sonhava atravessar um dia, dão para o corredor. O auxiliar me designa um leito. Estou provisoriamente salvo, ganho tempo; ali ficarei 15 dias.

A minha resistência está acabando. Desabo na cama de baixo, que me foi indicada e adormeço num sono profundo. Fico todo surpreso ao acordar. Pela primeira vez em meses, acordo espontaneamente, sem o gongo; olho ao meu redor: estou numa sala de somente dois beliches e ocupo um leito na parte de baixo. As paredes são cobertas de cal, há gerânios na janela, uma mesinha na frente. Sem despertador, sem chamada, nenhuma restrição. É maravilhoso! Basta deixar o tempo passar entre a distribuição da sopa ao meio-dia e o pão da noite. Sozinho, sem o excesso de trabalho e o medo imediato, a fome é tão lancinante ou até mais.

Em alguns momentos a fome se ameniza: a comida é mais espessa, às vezes tem suplemento, estou no quarto de doentes considerados como tal e gozo de privilégios semelhantes aos deles. Depois de alguns dias de estupor tento me aclimatar: presto pequenos serviços, faço a faxina, varro na esperança de um suplemento. O doente acima de mim não tem fome e me beneficio de suas sobras.

Enquanto minha vida material é tolerável no imediato, meu sofrimento moral, ao contrário, está exacerbado: assim que me deito debaixo do cobertor limpo da enfermaria, não consigo me livrar das obsessões; minha casa, minha vida perdida, minhas fugas perdidas rodopiam na minha cabeça. Lembranças voltam de muito longe, desordenadas; obsessões também. A trava da porta do metrô volta a me dominar; sinto um violento desejo do seu toque, do seu frescor, do seu pálido brilho na escuridão do corredor subterrâneo; seguro-a, aciono-a, subo no vagão do metrô, parto rumo à liberdade para sempre evanescente, cujo preço não conhecia. Expulso minha obsessão com uma grande força de vontade. Então, tudo recomeça. É assim durante horas.

Para me tirar dessa situação, procuro distrações: olho pela janela, vejo equipes trabalhando no pátio; tudo acontece vagorosamente; pequenos vagões empurrados a passos lentos, pás movidas a contragosto, muito devagar, deixam uma impressão de irrealidade, de lugar de pesadelo. Viro a cabeça, pois tenho medo desses pobres-diabos descarnados e friolentos com quem me pareço, medo da neve que rodopia.

Vou também aos outros quartos da enfermaria. Não são semelhantes ao meu; os doentes estão amontoados em beliches de três, são doze em cada pequeno quarto. Tudo é muito sujo e eles brigam sem parar, geralmente a respeito das porções dos mortos. Às vezes, conseguem esconder um óbito até o dia seguinte ou uma agonia se prolonga depois da distribuição do pão. Um vizinho ou um parente que se encontra no mesmo cômodo é quem leva proveito e raramente a distribuição é feita entre todos.

Bem em frente ao meu quarto está um amigo meu, o jovem polonês que havia chegado aqui já esgotado pelo campo de detentos de guerra e pela cadeia, o que acabou rapidamente com suas últimas chances; ele tem uma dupla pneumonia. Na realidade, seus dois pulmões estão tomados em bloco rígido e sua doença segue o sinistro caminho próprio do campo: o organismo é brutalmente derrotado e só respira por uma sucessão de suspiros ofegantes, queixosos e rápidos; vou vê-lo, mas ele não consegue mais falar comigo.

No dia seguinte, ele está em coma e os outros do quarto espiam o seu último suspiro para tomar posse da sua ração de pão e de salame guardada na véspera, já que não conseguia mais comer. Eu também o vigio, continuo lutando, mas a fome é mais forte e se não pegar seu pão, os outros o levarão. Então, supero minha vergonha, minha repulsa e também meu medo, pois olhares cheios de ódio me seguem enquanto saio do quarto com sua porção na mão. Tirei-a de baixo do seu travesseiro depois de ter comentado passando por eles: "Foi ele que me deu!"

Às vezes visito os cômodos do fundo, onde ficam outros camaradas, alguns das minas. Durante horas, trocamos lembranças esmiuçadas com remorso. Quando olhamos as nossas cabeças raspadas, de escravos, fica subentendido que não há futuro e que é desnecessário conversar sobre um futuro improvável. Assim, o tempo passa na enfermaria.

De manhã, varro, me ocupo, tento distrair meu pensamento do assombro constante de uma morte próxima e certa. Por volta do meio-dia, começo a ficar atento. É irresistível, quase obsessivo. Escuto a sopa, espio os ruídos muito peculiares que nascem lá do fundo do corredor, sons familiares de tigelas mexidas, de tampas de latão removidas, conchas que mergulham, breves gritos dos distribuidores de sopa.

Nesse momento, fico na porta com as tigelas, pois sou eu que levo a sopa aos demais, àqueles que não podem se levantar. Tenho a esperança de ficar na função, de me impor, com esse humilde papel de entregador de sopa, num emprego qualquer na própria enfermaria para ficar, assim, protegido.

Essa esperança foi em vão, infelizmente. Meu único consolo agora é uma comida um pouco mais espessa e um suplemento ocasional por serviços prestados. As vagas são raras e muito cobiçadas; aqueles que as têm só querem uma coisa: mantê-las longe de todos. Nessas condições, parece impensável que eu consiga uma vaga aqui, onde nunca se tratou de cuidados verdadeiros, onde não precisam de verdadeiros médicos. Os presos comuns, esses pseudoenfermeiros, cumprem muito bem seu ofício, ajudados por esse estudante que assimilou perfeitamente suas aulas de brutalidade.

Graças a alguns prolongamentos concedidos pelo estudante tcheco, fico ali durante 15 dias, ao fim dos quais sou finalmente mandado de volta ao *Kommando*.

De volta ao trabalho

É com uma grande angústia que vejo esse período terminar, com uma agonia mortal, pois me dou conta de que, nas atuais circunstâncias, minha saída da enfermaria equivale a uma morte certa.
    Volto para o *Kommando*. O tempo mudou. É final de outubro e, agora, neva todos os dias. O campo está irreconhecível: em todo lugar, onde existiam apenas barracões de madeira, há muros de alvenaria, prédios e construções sem forma, com tetos cobertos de telhas e estranhas chaminés planas. Tudo acabou: as cozinhas, armazéns, duchas, a casa dos sentinelas. Todas as construções nas quais trabalhei e sofri estão concluídas. Minhas condições de vida se tornam precárias. Ao sair da enfermaria com roupas de verão muito finas, nunca estive tão malvestido. Como roupa íntima, uma ceroula com fitas amarradas nos tornozelos, uma camisa do mesmo tecido, muito leve, de algodão ou fibra de madeira. Esse tipo de roupa não oferece nenhuma proteção contra o frio. Com muita dificuldade, dou alguns primeiros passos com os tamancos de madeira.
    Saio em *Kommando*, mas quase não consigo mais caminhar sem ajuda. Encontrei um samaritano: um camarada polonês, tão raquítico e miserável quanto eu, um rapaz simples e taciturno que me adotou sem dar uma palavra, que me pegou pelo braço, sem fazer comentários, para me ajudar a caminhar. Colocou-me sob sua proteção porque o acaso me colocara ao lado dele e esse gesto magnífico, tão puro de solidariedade na miséria mais horrenda, exaltou minha resistência. Ele também caminha com muita dificuldade, mas dia após dia arranja uma maneira para estar ao meu lado e me sustentar com braço firme, me ajudando realmente a caminhar, substituindo meu pé inválido. Agora, é

necessário aguentar firme a qualquer preço, caso contrário, não resta a menor esperança de sobreviver.

Mudo de Bloco; o chefe é um belga grandão, de uma certa idade, muito musculoso, um armário. Tem uma mancha branca no olho direito, lembrança de uma ferida; essa mancha, o rosto quadrado e seu pescoço espesso lhe dão uma bela aparência de prisioneiro. É o mesmo que estava treinando como comandar, quando eu trabalhava fora do campo recolhendo troncos de árvore durante o verão. Faz parte dessa gente que pertence ao sistema de concentração por instinto, aqueles que entenderam imediatamente o mecanismo que convém a seus temperamentos. Imediatamente, começou a gritar com os outros, bajular os contramestres, entregar camaradas, primeiro talhando as varas, depois os bastões. Dessa forma, chegou ao ápice de seu sucesso, se tornou chefe de Bloco.

Era uma questão de mentalidade, ele estava muito animado, contente demais em gritar e distribuir golpes de bastão. Quase o admiro. Desprezo e admiro ao mesmo tempo. É um sentimento complexo: ele é um bruto primitivo que aplica a lei do talião de modo rudimentar, tem um tipo de concepção simplista de justiça, o que agrada aos alemães. Ele gosta de mim à sua maneira, sabe que sou médico e às vezes me pede um conselho. De vez em quando, me deixa repetir a sopa. Tem uma memória impressionante, conhece todos os seus homens: afasta para longe os que fazem parte da agitação em torno da lata durante a distribuição do suplemento e durante dias eles não terão direito ao que sobra. Às vezes, ele chama algum deles que está sentado separado dos outros com a cabeça nas mãos e lhe dá uma concha de sopa. Adora conversar conosco, que formamos um pequeno grupo de intelectuais em seu barracão; começa a discussão invariavelmente por "vocês, que são intelectuais…". Ele nos relata seus escrúpulos, seus questionamentos sobre sua conduta como chefe; tenta, talvez inconscientemente, se justificar. Gostaria de ouvir dizer que o bastão brotou sozinho na palma de sua mão, que ele bate por conta da necessidade de se manter vivo às custas dos outros, que ele faz isso sem alegria!... Ele tem grande consideração pelos intelectuais: "Você não se porta como um doutor", disse. Mas ele não pode me compreender. Perdi toda a esperança e todo o ânimo. Não tenho mais forças para reagir, tudo me é indiferente, espero o fim.

Nossa permanência está mais bem organizada do que antes, temos um dormitório e um refeitório. Se estivesse em melhores condições físicas, certamente apreciaria. Não trabalhamos nas tardes de domingo. Ficamos sentados em torno de uma mesa, mas até mesmo essa posição é um sofrimento para mim. Não posso ficar em lugar nenhum, sofro sem parar, não consigo mais repousar, me considero alguém muito enfermo que espera apenas o fim disso tudo.

Durmo na parte de baixo de um beliche de três andares, sobre um fino colchão de palha. Cada um de nós tem um pequeno tesouro pessoal, recolhido um pouco em cada parte, objetos achados aleatoriamente entre os barracões e, às vezes, nossa porção de comida da véspera, cuidadosamente guardada. Em uma dessas noites, debaixo do travesseiro guardava a porção da véspera, que pude conservar ao preço de uma luta heroica contra a fome; uma faca – precioso objeto encontrado um dia na areia, um destes que se fabricam no campo, mas que eu mesmo seria incapaz de confeccionar – e também alguns pedaços de barbante.

É tudo o que possuo, os únicos objetos que me permitem salvar um resquício de personalidade. Também tenho um cinto que peguei não lembro onde. No dia seguinte, tudo desapareceu. Fico totalmente desesperado, acredito ter atingido o fundo do poço; depois, tudo continuou, não tinha como ser de outra forma.

Agora, estou no fim das minhas forças e me arrasto para o *Kommando*. Estando no local, fica mais fácil. Basta fazer alguns gestos primários, permanecer durante horas de pé num canto remexendo a areia com a ajuda de uma pá.

Lembro-me de um dia de trabalho ao lado de um aterro de areia que sustenta um trilho de uma via estreita; é necessário erguer de volta o aterro rebaixado; minhas lembranças evoluem em um círculo estreito na vizinhança imediata e são mais próximas do sonho do que da realidade: vejo-me em uma fila de prisioneiros, virada na direção dos trilhos, um pouco abaixo, aos pés dos supervisores alemães à paisana que passam discutindo ao longo da via; para além dos trilhos, consigo ver um emaranhado de tábuas e de vigas e penso se tratar de uma estrutura pronta para receber o concreto armado, mas sou incapaz de ter uma imagem clara sobre isso. Percebo o todo apenas pelos detalhes. Levantamos as pás de areia bem alto para aterrar o local. Imagino que esta deva ser a visão do touro na arena... Muitas vezes, minha carga me arrasta e caio; volto a executar essa sequência de gestos com a mesma lentidão do esgotamento e do desespero até o fim do trabalho.

O caminhar se torna cada vez mais obsessivo e angustiante. Neste momento, teria desmoronado se não fosse a boa vontade de alguns ao meu redor. Um braço fraterno me sustenta e, moralmente, resisto apenas por conta da vontade dos outros.

É nesse período de desespero e de total esgotamento que se situa o episódio seguinte: numa noite como as outras, apenas aspiro a passar por uma breve chamada diante do barracão e desabar no colchão para mergulhar num sono profundo até o dia seguinte, sem pensamentos, sem percepções. Mas, chegando ao campo, decepciono-me, pois uma grande reunião nos espera e nos posicionamos em meio círculo em torno de uma praça vazia, diante de uma fileira de barracões.

O fundo da praça é ocupado por uma série de mesas de madeira branca, alinhadas ao longo de uns cinquenta metros; atrás de cada uma delas há uma cadeira. Acima das mesas, um triângulo horizontal cilíndrico é sustentado por vários tripés distribuídos à mesma distância. À esquerda da fileira de mesas, vejo um grupo de alemães usando capacetes, botas, cintos, revestidos com casacos que lhes batem no tornozelo.

Um compacto grupo de deportados, todos gordos e bem-vestidos, vindo do fundo, se aproxima; visivelmente, estão com as mãos atadas atrás das costas e se encaminham marchando como militares em direção às mesas. Ao comando, cada um deles se coloca atrás de uma das mesas. Reconheço alguns, entre eles o arquiteto que havia conduzido as construções, nosso supervisor de pedreiros – de quem compreendo então a atitude taciturna e preocupada –, o *Kapo* Bleier, o único que havia sido humano.

São vinte e seis no total; há outros que conheço menos. A um novo comando, sobem nas cadeiras, depois sobre as mesas. A uma nova breve ordem, um grupo de detentos chega apressado atrás das mesas, são os superiores do campo, chefes de Bloco ou *Kapos*, igualmente em vinte e seis. Cada um atrás do camarada que deve enforcar. Nesse momento, um dos alemães avança e lê a sentença no meio de um total silêncio; tratava-se de um complô para uma fuga em massa.

Em um silêncio absoluto, ouve-se a voz do arquiteto que grita: *Niech zie polska* (viva a Polônia). Os vinte e seis ajudantes passam as cordas em torno dos pescoços e derrubam os corpos com um brusco empurrão. Acontece muito rapidamente. Os corpos giram no vazio por volta de trinta segundos. Em seguida, são tomados, ao mesmo tempo, por sacudidas convulsivas e acaba. Nada mais se mexe.

Lembro-me de ter apertado os punhos enfiando minhas unhas na pele. Todos aqueles que estão ao meu redor estão brancos de uma raiva impotente. No entanto, sabemos que a nós nada diferente da morte pode acontecer, temos mais razões para invejar do que para lamentar o fim dos camaradas assassinados. Esse episódio só podia confirmar nosso desespero, se isso fosse preciso.

A partir desse momento, minhas lembranças se tornam cada vez mais confusas. Um dia, estávamos carregando as vigas e comandados por um supervisor particularmente ambicioso e agressivo que queria rendimento e tornava nossa vida dura; ficava constantemente atrás de nós, encorajando-nos com o bastão e gritando muito.

O tempo não muda, a neve derretida continua. Pisamos nas poças de lama espessa com nossos calçados desgastados e furados; ao nosso redor, vigas empilhadas e, um pouco mais longe, alguns barracões desocupados fecham nosso restrito horizonte.

É preciso correr, ser muito rápido, mas não tenho mais forças. Quando carrego, a duras penas, uma extremidade de viga sobre o ombro, com a outra ponta repousando sobre o de outro camarada, sinto minhas costas torcerem, se deformarem para o lado, não tenho mais estrutura, não fico mais em pé.

Meu sofrimento está em todos os instantes; tenho dores nas costas e nos membros, não posso mais caminhar, meu pé machucado dói horrivelmente. Nesse momento, tenho uma crise aguda de estrondoso desespero. Choro, chamo em voz alta por Myriam, soluço.

O som da minha própria voz me remete à razão e consigo terminar minha jornada de trabalho.

No dia seguinte, escapo do trabalho com Jean, meu companheiro de beliche e vamos passar o tempo em um barracão vazio ao lado dos arames farpados, para além dos quais vemos as plantações; para nós elas se estendem ao infinito, não se veem casas. Uma fina neblina cobre as lavouras embebidas de água, cobertas por caules de milho cortados ao rés do chão. Essa paisagem é de uma tristeza desoladora, mas para nós ela representa a liberdade e fantasiamos coisas impossíveis em nosso delírio de fraqueza: deste lado, não vemos sentinelas; se conseguíssemos cortar dois arames farpados, somente dois, poderíamos nos arrastar por debaixo e reencontrar a liberdade, a vida! Caminhar pelas plantações não é difícil e eu falo alemão, posso me comunicar, e de camponês em camponês, será que poderíamos encontrar apoiadores ou chegar em Varsóvia e nos misturarmos nos submundos da cidade? Assim que olhamos um para o outro, damo-nos conta do absurdo desse devaneio: somos prisioneiros com roupas listradas; no raio de cem quilômetros, não acharíamos ninguém que consentisse nos vestir ou nos abrigar, ainda que momentaneamente. Nossos sonhos são emanações delirantes de nosso estado de grande fraqueza, um total absurdo.

Essa peregrinação ao lado dos arames farpados é um ponto decisivo para mim. Neste momento, tudo nos é indiferente; qualquer coisa pode nos acontecer: sermos açoitados, torturados ou fuzilados, dá no mesmo. Sentimos apenas um grande cansaço, um grande vazio, um torpor que se opõe a todo movimento, mal temos a força de nos arrastarmos até os barracões abandonados, onde ficávamos sentados, escorados numa parede, pernas esticadas, a gola de nosso fino casaco ajustada em torno do pescoço e ao redor das pernas, alguns punhados de palha que recolhemos no barracão para nos proteger do frio.

Permanecemos ali durante horas, duas, ou melhor, três. Em voz baixa, trocamos lentamente lembranças do tempo em que éramos seres normais. Falamos também de comida, assunto de conversa muito frequente no campo. Reminiscências de pratos que conhecemos passam, irresistivelmente, por nossa memória. De repente, sem que tivéssemos visto, um suboficial SS aparece bem na nossa frente, acompanhado pelo *Kapo* chefe do *Kommando*; como não percebemos a aproximação deles, a surpresa é total. Ele nos insulta: "Vocês não passam de muçulmanos" – é o termo que designa os que chegaram a um estado de magreza e fraqueza extremas. "O que querem que façamos com vocês? A empresa nos paga por vocês. É desonesto abusar das pessoas e fazê-las pagar por uma mercadoria que não se pode utilizar. Realmente, pergunto-me o que devo fazer com vocês. O pão que lhes damos, vocês comem sem contrapartida. São bocas inúteis, a serem destruídas e extirpadas."

Ficamos perplexos com este discurso e totalmente indiferentes, não nos mexemos. Por via das dúvidas, é melhor simular um abatimento maior do que o real; de repente, tenho uma intuição e decido apostar tudo ou nada: levanto com muita dificuldade, coloco-me em posição de sentido meio torto e digo ao oficial SS (soube mais tarde que se tratava do "SS Führer", comandante SS de todos os trabalhadores deportados deste canteiro de obras): "Gostaria de trabalhar, mas isso é absolutamente impossível para mim; nossa atitude abusiva é involuntária, mas penso que ainda poderia prestar serviços, se fosse utilizado de acordo com minhas competências". Ele me responde ainda zombando, mas mais calmamente: "Mas quem está falando em competências aqui? Que competências você tem? O que sabe fazer?". Respondo-lhe que sou médico e o milagre acontece, pois sem milagre não há salvação aqui. Milagres, os acumularei durante vinte e dois meses!

Esse será um dos milagres mais decisivos entre os que contribuíram para salvar minha vida. Esse chefe SS, a quem não temos sequer o direito de dirigir a palavra sem nos expor às piores represálias, me escuta até o fim e, ao invés de me chicotear, vira em direção ao *Kapo* e lhe diz: "Eu o nomeio médico do *Kommando*. A partir de amanhã, ele estará na cozinha do canteiro de obras e fará os curativos dos feridos."

Uma promoção bem tardia

No dia seguinte, assumo minha função com uma grande simplicidade; não tive um antecessor direto. Um médico tinha obtido essa vaga – e lembro o quanto eu o tinha invejado naquele momento –, mas fora expulso havia pouco tempo por alguma razão desconhecida.

Tenho uma lembrança indelével do meu primeiro dia de exercício da medicina, muito peculiar, era o primeiro desde a minha deportação. Maravilhado, entro em contato com coisas desconhecidas, noções do campo de concentração que não podia imaginar a partir do que tinha vivido até então: sou apresentado ao chefe contador do canteiro de obras, também deportado, que toma conta de mim. É um detento de uma espécie totalmente inédita. Veste um traje listrado bem-cortado, muito limpo e passado, é quase elegante, na medida em que esse termo pode ser aplicado aqui.

Tem boa aparência e é ao mesmo tempo amável, dois termos inconciliáveis na minha cabeça que só conhece os brutos de "triângulos verdes", chefes de Bloco ou *Kapos*. Ele me estende a mão e sorri, duas coisas extremamente raras, e me dá como presente de boas-vindas uma fatia de pão branco como nunca havia visto! Contemplo-o, boquiaberto, e tenho a força de pô-lo no bolso.

Em seguida, sou conduzido ao seu escritório num barracão de madeira, mas onde há funcionários civis, até mulheres, e acessórios de escritório: uma máquina de escrever, lápis, borrachas, papel e uma quantidade de coisas que não via havia cinco meses. Tremendo, pego o papel e o lápis destinados para minha enfermaria.

Sou levado até aqueles com quem devo, daqui por diante, passar os meus dias; é uma equipe que passa a manhã inteira preparando chá amargo para os funcionários do campo. O chá é feito numa "rolante", cozinha de campanha construída numa barraquinha de madeira. Infelizmente não cozinham sopa, mas essa bebida sem açúcar, extraída de folhas de árvores.

No barracão, acima da cozinha, há algumas tábuas onde posso organizar meu material: pasta de celulose, rolos de faixas de papel, alguns tubos de pomada, mas também uma tesoura, uma velha pinça cirúrgica e uma lâmina de barbear. Esse é todo o material de que disponho para cuidar dos feridos desse imenso canteiro de obras.

Durante os dias que ali fiquei, houve muito pouco atendimento. Tive alguns curativos de feridas infeccionadas em pés e mãos, mas isso não me deixou nenhuma lembrança particular. Por outro lado, o que ficou desse breve período foi o doce calor irradiado da "rolante" e uma borda de ferro na dianteira, bastante larga, onde fico empoleirado o dia todo, como um corvo triste, olhando para os reflexos do fogo da lenha da lareira, devaneando, sem que ninguém pense em me tirar dali. Os atendentes da "rolante" temem demais serem expulsos para se arriscarem importunando o protegido que pensam que eu sou.

Tranquilizado por essa tábua de salvação, começo a vislumbrar loucas esperanças de sobrevida possível. Quando olho pelos vidros embaçados, vejo homens labutar em volta de andaimes imensos, empurrar carrinhos na neve, atarefados com a carcaça de concreto da futura central elétrica.

Essa melhora durou muito pouco tempo; moralmente, resisto muito mais, mas os pés estão esgotados. Durante três dias, ainda passo pelo calvário das saídas do campo e da caminhada até o canteiro de obras com a ajuda de dois camaradas, que, literalmente, me arrastam, me segurando pelos dois lados.

Meu pé ferido dói terrivelmente, sinto pontadas cada vez mais fortes, até mesmo durante a noite, ele não me sustenta de jeito nenhum durante a caminhada. Está muito inchado, fica dolorido ao menor contato e se torce nos buracos do terreno.

De modo geral, graças à minha nova condição, me sinto muito melhor. Fico protegido do frio e não me canso mais durante o dia; infelizmente, não há mais o que fazer, não consigo ficar em pé: o resgate chegou tarde demais!

Na noite do terceiro dia, arrasto-me até a enfermaria e sou recusado. A partir desse momento – era início do mês de dezembro – começa o período mais sombrio e perigoso da minha existência no campo; mesmo depois de tantos anos, ainda não entendo como sobrevivi!

Por ter sido recusado na enfermaria, sou mandado ao "Bloco de repouso"; esse eufemismo abrange o horror absoluto: nesse barracão os homens chegaram ao último estágio de esgotamento; estão deitados lado a lado, amontoados, em grande número, no chão sem colchão de palha nem cobertor, na escuridão absoluta, sem serviço de ordem, sem chefe de Bloco.

Uma vez ao dia, um quinto da porção normal nos é distribuída; nos resta somente esperar a morte. Cenas indescritíveis acontecem nesse barracão: esses mortos em latência brigam entre si com uma obstinação inimaginável por um pedaço de pão ou até por razões fúteis, por causa de um pé que pesa em cima do corpo do vizinho. Alguns se agacham num canto para fazer as suas necessidades, outros não têm mais a força de se arrastar até lá e se sujam sem se mover; tudo se passa em meio a uma sujeira e a um odor indizíveis.

As roupas dadas aos que saem da enfermaria não passam de trapos; todos os habitantes, sem exceção, carregam a marca da morte nos seus rostos. Todo dia as equipes de limpeza do campo entram no Bloco e saem com vários cadáveres. A noite toda ouvem-se gemidos, gritos, injúrias, lamentações. É atroz.

Por último, vê-se um emaranhado indescritível de corpos agonizantes. Toda esperança acaba aqui, definitivamente.

Permaneço ali um dia e duas noites inteiros; meu estado de fraqueza, a fome e o tormento moral de todos os instantes acabariam rapidamente comigo. Após a segunda noite, pela manhã, rastejo de quatro para fora do barracão e, assim, percorro o caminho até a enfermaria, aproximadamente duzentos metros. Lembro-me de, em meio à neblina, ter passado rastejando por um morro e por um trilho de pequenos vagões.

Chegando à enfermaria, endireito-me com a ajuda do corrimão de ferro da escada e me agarro a ele na neve e no vento, durante várias horas, sofrendo horrivelmente em cada parte do meu corpo, no fim da minha resistência, até encontrar-me diante do médico. Mostro-lhe a ferida no meu pé que ficou muito feia, vermelha e supurada, com rastros roxos no dorso do pé. Digo-lhe que não aguento mais, ele me responde que ali não é um "sanatório" e que ele só podia aceitar material humano recuperável. Logo depois, ele muda de ideia, olha para mim com mais atenção, sussurra algo como "prontinho para o crematório" e me dá o boletim de admissão! Um novo prolongamento, bem tardio e aleatório está em perspectiva.

Fuga forçada

Sim, conto com esse novo adiamento; aspiro a um relaxamento muscular total, ao banimento de todo pensamento, a um estado de letargia antes da morte real, agora muito próxima. Fisicamente não aguento mais, estou esgotado. Quanta diferença com minha primeira estada na enfermaria: ingresso em um quarto que evoca a antecâmara do inferno; é difícil descrever o que acontece neste recinto dos casos desesperados que se encontra bem no final do único corredor. Dois quartos são conectados e em cada um, os beliches estão literalmente amontoados, apertados uns contra os outros. Possuem dois andares e fico em uma das camas de cima. O que se passa ao meu redor me horroriza: todos os leitos estão pretos de imundície, os próprios doentes estão cobertos com uma camada de sujeira; ainda se pode distinguir aqueles que vêm das minas, um pouco mais pretos do que os outros, mas a diferença é mínima. Aqui ninguém está com a barba feita, a regra das faces glabras não é mais respeitada, nenhum alemão virá verificar.

As vociferações, os gritos e disputas, as lamentações e os gemidos são contínuos noite e dia. Na minha altura, bem na frente, há um agonizante, cada uma das suas expirações é acompanhada de um longo gemido, às vezes interrompido por uma tosse comprida e oca que sacode toda sua a carcaça e traz escarros gosmentos que grudam em sua barba e camisa, o cobertor é espesso e duro, resultado de tanta sujeira. É um grande baú descarnado e os gemidos parecem se originar nas profundezas da sua força perdida.

Aqui, sombras furtivas deslizam entre as camas; são os menos doentes que tentam roubar aqueles que não comem mais e acumular suas porções debaixo do colchão de palha, mas esses últimos se defendem num momento de lucidez e tentam afastar os agressores.

Do outro lado, doentes urinam em suas tigelas sustentadas por mãos trêmulas e passam a urina no rosto para atenuar a febre que os acomete. A comida é dispensada às pressas na porta; nenhum enfermeiro coloca o pé nesse quarto maldito.

Apesar de tudo, sou chamado pelo médico tcheco para cuidados na sala dos curativos. Desço pelado do meu leito, atravesso o corredor mancando e me apoiando nas paredes. Acomodo-me sobre uma mesa de madeira branca e ele cutuca minha ferida com uma pinça e uma tesoura sujas que serviram para vários feridos antes de mim sem serem limpas.

Vinte e quatro horas depois, minha dor aumenta, as pontadas se tornam contínuas e atingem toda a sola do pé direito. Estou com muito calor, calafrios percorrem minhas costas sem parar. É então que, simplesmente, a ideia surge. É consequência lógica dessa sobrevivência no sofrimento que é a própria negação da vida, que se abre para o nada às custas dos maiores sofrimentos.

Para falar a verdade, ela não apareceu repentinamente; inúmeras vezes pensei em encurtar tudo isso procurando a fuga pelo suicídio, mas os meios brutais me assustavam. Poderia ter provocado o tiro de um sentinela como outros fizeram, esboçando um movimento de fuga, mas como a vida no campo era baseada em empurrões o tempo todo, essa intenção não se realizou.

Aqui, no isolamento do meu leito de sofrimento, no ambiente infernal desse asilo da morte, tenho a percepção precisa de um beco sem saída para a vida e meu projeto de achar um fim se concretiza: como é impensável ter a mínima esperança de cura, ainda menos de libertação, melhor pôr um fim brusco a essa luta absurda. Outros talvez se safem, para mim já é tarde demais, é preciso saber acabar logo com isso.

Chego a tanta familiaridade com a ideia do suicídio, que o simples fato de pensar nele me coloca num estado de calma serena, próximo à euforia; tomo minha decisão com plena lucidez, por tanto acreditar poder me libertar. Faço um violento esforço para afastar todo pensamento sobre o passado e meus familiares e recolho toda minha vontade em perspectiva da realização do meu último projeto.

Colocá-lo em prática é muito difícil nas condições nas quais me encontro. Os bolsos do meu casaco estão cheios de barbantes de papel trançado, que me parecem sólidos o suficiente. Passo várias horas do dia confeccionando uma corda com barbantes de calibres e comprimentos diferentes. Demoro vários dias para fazê-la e finalmente fica pronta.

Meço cuidadosamente o comprimento para que os meus pés não possam atingir o chão: uma ponta amarrada à barra do beliche e a outra atada em nó corrediço; então, verifico a solidez de cada segmento, aplicando pressões repetidas com todas as minhas forças, faço nós sólidos em lugares duvidosos.

Certa noite, tudo está pronto. Com mil precauções, instalo sem barulho a extremidade da minha corda na barra do ângulo da cama, enfio a cabeça no nó e me deixo escorregar lentamente até o chão. Não sinto dor nenhuma, não sufoco.

Nunca esquecerei aquela sensação, essa memória permaneceu tão intensa que consigo vivê-la novamente a qualquer momento. Ainda hoje, encontro-me no centro de uma esfera preta que cresce regularmente. Eu, "eu", não é nem meu corpo, nem meu pescoço ou minha cabeça, é "eu", talvez um eu abstrato ou puntiforme, em volta do qual "vejo" uma esfera preta que cresce, cresce. Uma esfera virtual, preta e fosca que cresce excessivamente... Então, encontro-me do lado da cama, na ponta dos pés, cercado de noite, da verdadeira noite de horror, com a respiração ruidosa dos agonizantes ao meu redor. Minha mão está segurando a corda que na minha inconsciência tinha pegado e alargado em volta do meu pescoço; meu coração bate de modo precipitado muito alto na minha garganta e escuto minha própria respiração ofegante. Meço meu pulso, ele está incontável, fraco e rápido.

Por alguns centímetros quase consegui: minha corda não arrebentou, mas ela se esticou. Sob o efeito dos meus movimentos convulsivos, meus pés encostaram o chão e minha mão se enfiou, sem que eu quisesse, no laço do nó corrediço.

Profundamente desolado com meu fracasso, subo de volta na cama e resolvo recomeçar imediatamente; porém, minha firmeza me abandona; minhas duas outras tentativas são só princípios de execução, pois seguro as tábuas da cama antes que o nó se feche em volta do meu pescoço.

Desisto definitivamente e resolvo viver meu destino até o fim. No entanto, quase consegui, foram imprevistos que intervieram, a má qualidade de um pedaço de corda improvisada que afrouxou alguns centímetros. Passei muito perto da minha fuga voluntária.

Depois, dormi. Estava esgotado, tinha usado minhas últimas forças na tentativa de suicídio. Acho que passei dias delirando, minhas lembranças são confusas, alguns eventos aparecem de modo evidente. Isso aconteceu no Natal. Nos dois dias que se seguem, sou acordado por um barulho confuso, barulho de passos e vozes vindos do lado da enfermaria. Ouve-se o som de numerosas botas no piso de madeira, sinos, cantos roucos de várias vozes. Detentos poloneses levando tochas e sinos passam de barracão em barracão cantando cânticos de Natal. Na enfermaria, vão de quarto em quarto, vejo-os pela porta aberta: vestiram os finos casacos três-quartos de fibras descontínuas, gorros, cachecóis de lã protegem seus pescoços e usam mitenes.

Levando tochas improvisadas, tentam dolorosamente, nesse inferno, evocar as tradições de suas infâncias.

No dia seguinte, quando sou chamado na sala de curativos, meu pé ferido não me sustenta mais. O menor atrito me faz gritar e me arrasto de quatro seguindo a parede. Noto nos rostos dos enfermeiros o reflexo da minha condenação próxima que eles também expressam mais ou menos em palavras: os dois brutos alemães falam abertamente da próxima partida para Auschwitz, de crematório e de extermínação, enquanto o estudante tcheco me diz que vou descansar, que serei transferido para um lugar onde poderei receber os cuidados necessários, mas acaba me dizendo: "Para você, acabou. Não posso fazer mais nada. Boa sorte".

Dessa forma, entendo que estou irremediavelmente condenado, que parto rumo ao desconhecido como tantos outros camaradas de sofrimento antes de mim durante esses cinco meses, que meu fim chegará rapidamente e que não sobreviverei muito tempo à minha tentativa de "fuga".

Mais uma viagem

O médico tcheco me avisa que devo partir no dia seguinte com o "transporte". Guiado por um resquício de humanidade, ele me ludibria dizendo que eu seria transferido para um centro hospitalar, mais importante para ser tratado (soube mais tarde que ele não acreditava nisso).

No dia seguinte, junto-me à reunião diante da escada da enfermaria. Somos um grupo bem miserável, esperando na lama e na neve a ordem de nos movimentar. Quase todos temos faixas de curativo com ataduras de papel em torno de um braço, de uma perna ou de um pé, cujas extremidades desfiam e se arrastam pela lama. Fizeram-nos vestir as roupas mais surradas e furadas, já que não serviriam para nada mais.

Alguns têm a cabeça enfaixada, outros se sustentam mutuamente para, mancando lentamente, alcançarem o portão de entrada do campo, onde uma ambulância nos espera. O motorista SS nos faz subir e nos amontoa uns em cima dos outros, ameaçando os retardatários. Estamos em todo lugar agora: as duas banquetas e o chão estão inteiramente ocupados e os que conseguem estão em pé entre as banquetas. Todas essas pessoas moribundas gemem, gritam, xingam. Estou socado no fundo, em um pedaço de banco, vejo apenas uma parte do piso, ouço somente um rumor confuso, minha audição diminui.

O contato das minhas nádegas pontudas e dolorosas sobre a banqueta de madeira, os choques que doem durante os solavancos em minha coluna, o barulho do motor da ambulância, algo familiar nos gestos do condutor que troca as marchas, é tudo o que ficou dessa viagem aos infernos. Lembro-me ainda de uma parada na estrada, quando mais infelizes entram nesse carregamento, mas não tenho ideia do trajeto, não posso imaginar as paisagens que atravessamos.

Tenho a convicção de que essa é minha última viagem e de que vivo meus últimos momentos; aliás, tanto faz, tudo me é indiferente, clamo pelo fim. Somente o barulho do motor me atrapalha, pois é um barulho da vida normal e não consigo distanciá-lo das minhas lembranças de viagens de antigamente e dos meus próprios carros, não sou capaz de opor isto totalmente à minha armadura de indiferença.

Depois dessa viagem terrivelmente extenuante, a ambulância finalmente para na frente de um barracão verde de um modelo até então desconhecido para mim. Quase todo o comprimento da construção é ocupado por duas fileiras de bandejas metálicas paralelas. Entre elas, na altura do peito, corre um cano de água com furos que alimentam as duas fileiras de tigelas; é o *Waschraum* – lavatório –, onde os detentos se jogam num empurra-empurra antes de partirem para o trabalho e procederem a um simulacro de limpeza, sem sabão, sem toalha. O lugar é sinistro, as paredes estão cobertas de manchas de mofo, no chão há poças de água.

Um homem grande, corpulento e grisalho, atarefado, chega acompanhado por dois ajudantes. Embora todos portem a roupa listrada, estão vestidos com esmero. Um desfile bizarro começa: os ocupantes da ambulância passam uns depois dos outros diante desse homem que os observa com o olhar e faz sinais imperativos com o dedo indicador. Uns vão para a direita, outros, para a esquerda, a maioria para a direita. Apesar do meu abatimento e distanciamento em relação a tudo, tenho um sobressalto de autodefesa, percebo um perigo iminente e quando chego diante dele, mancando e me sustentando no cano de água, digo-lhe: "*Ich bin Arzt!*" (sou médico). Ele vira e grita para todos ouvirem: "Bloco quatro!".

Um de seus ajudantes me pega e me leva para um canto onde já estão outros dois; deixo-me escorregar pelo chão e permaneço agachado apoiado na parede do barracão. Passados alguns minutos, dois homens chegam e me carregam numa maca. Durante o trajeto, vejo desfilar os telhados dos barracões verdes de cada lado do caminho, um fragmento de céu branco e reflexos de um chão nevado entre eles.

O que houve no barracão da chegada foi minha primeira "seleção": os homens da direita iam para a câmara de gás, os da esquerda, como eu, estavam em suspenso. O homem que praticou a seleção é um médico polonês, deportado como eu. É o médico-chefe do campo de Birkenau, seu nome é Zenkteller.

Minha maca ultrapassa o limiar de um barracão onde uma grande surpresa me espera. Esse lugar não se parece a nenhum outro que conheci, o contraste é impressionante e, depois de cinco meses de miséria extrema, tenho a impressão de um luxo extraordinário: as paredes são pintadas de branco e verde claro, os beliches com dois leitos são de cor clara, limpos e suficientemente espaçados. O barracão possui várias janelas com dimensões normais. Ao pé de cada cama há uma ficha de temperatura, o "médico-chefe" tem uma verdadeira mesa de trabalho e uma cadeira. O barracão é fortemente iluminado pelo sol que entra pelas janelas e por várias lâmpadas elétricas com cúpulas verdes que pendem do teto. Por pouco parecia um hospital de verdade.

Novos horizontes

O médico-chefe manda me colocarem na parte de baixo de um beliche que fica bem próximo de sua mesa e que contém uma bancada aceitável com dois cobertores marrons. O barracão é bem aquecido e fico tranquilo; todos os meus tormentos vividos durante as últimas semanas, até mesmo a fome, ficam em segundo plano. É um ponto decisivo na minha existência com o qual não paro de me espantar. Estendido de costas, tranquilamente, observo o que se passa ao meu redor. O silêncio reina nesse local; há mais dois médicos além do chefe; eles percorrem lentamente as fileiras de camas e conversam em voz baixa com seus doentes, fazem anotações nos prontuários como em um verdadeiro hospital.

O médico no comando é de origem polonesa, fez seus estudos na França e fala francês perfeitamente. Vem me ver e questiona sobre meu passado, depois me dirige algumas palavras de consolo. Tudo me surpreende aqui: a partir deste momento, perceberei uma diferença de comportamento dos meus colegas – mínima, mas muito benéfica.

Por volta do meio da manhã desse primeiro dia, assisto à chegada de um indivíduo como ainda não havia visto: seus cabelos muito longos e a barba preta que enquadra um rosto moreno contrastam com os rostos glabros e as cabeças raspadas. Veste roupas quentes, roupas civis, um pouco amontoadas umas sobre as outras contra o frio, com um único sinal distintivo: uma grande faixa vertical pintada de vermelho no meio das costas e, de cada lado dessa linha, as duas letras maiúsculas KZ (campo de concentração). De frente, ele parecia quase normal.

Ele tira do bolso muitos relógios de pulso e os coloca sobre a mesa do médico-chefe, que depois de um conluio em voz baixa tira debaixo da mesa três pães pretos inteiros e os troca por um relógio de sua escolha. O "relojoeiro" enfia os três pães em uma bolsa e vai embora com um andar tranquilo.

Ao meio-dia, a refeição é distribuída em tigelas de cerâmica branca e fico maravilhado em receber uma quase cheia de um mingau de flocos de aveia espessos e açucarados na medida certa, pois me beneficio do regime especial destinado aos que estão muito enfermos. De vez em quando os colegas me concedem, sem ostentação, o favor desse regime especial. Guardarei também as melhores lembranças das palavras amáveis que tiveram grande importância no meu estado; estou muito enfraquecido, mas calmo; choro com frequência, tanto por conta da ternura quanto da fraqueza. Nesse lugar, onde tudo parece ronronar confortavelmente, durmo quando quero, em qualquer momento, um sono pesado.

No dia seguinte, sou operado. Evidentemente, tudo muda e o rito volta a ser concentracionário. O médico-chefe manda me levarem completamente nu para o *Stubendienst*, em direção ao meio do barracão, na frente da porta de entrada, sob uma maldosa corrente de ar glacial, manda me deitar em uma mesa de madeira e tremo de frio durante os preparativos. Em seguida, coloca sobre o meu rosto um pedaço de algodão de celulose embebido de clorofórmio, cujo cheiro adocicado conhecia bem; começo a contar, minhas orelhas tintilam, um véu preto passa sobre meus olhos e desabo.

Acordo em minha cama, banhado de suor; meu pé desaparece em uma espessa camada de curativos de papel. Sinto pontadas e queimaduras insuportáveis, mas o que mais podemos fazer aqui a não ser sofrer em silêncio?

Com a mudança do modo de vida no barracão número quatro, minha concepção de existência no campo evolui: aprendo a estar mais ligado aos acontecimentos do dia e me esforço em não pensar mais longe do que no amanhã. O ambiente quase acolhedor do Bloco e minha ferida tão recente me conferem um tipo de segurança por pelo menos uma semana; afinal de contas, não voltei para o que parece ser a vida depois de ter vivenciado algo muito mais atroz, em um passado tão recente? Aqui, por oposição, cada dia que passa se inscreve na coluna de ganhos. É inútil me preocupar com o que não faça parte das minhas preocupações do dia a dia, como a fome. Estado permanente, incontestável, com a penosa espera entre as refeições, mas uma fome decantada que se tornou quase um hábito. Obviamente, o simples ato de ir ao banheiro é um grande problema, devo me arrastar por uma parede de cerca de vinte metros, ninguém me ajuda e a posição do meu pé pendurado desperta dores intoleráveis. Fora esses inconvenientes, assisto às idas e vindas no corredor central, olho pela janela, ouço as conversas das camas vizinhas, pois ainda estou fraco demais para participar e assim subsisto entre duas refeições, entre dois curativos.

Há outro ponto sombrio no cenário que chama a atenção boa parte dos meus dias e noites: as pulgas. Fomos invadidos por elas; de noite, durmo com um sono de esgotamento profundo, mas em alguns momentos desperto por conta de uma forte dor nas costas: uma picada de pulga que nunca imaginei que pudesse ser tão vigorosa. São centenas, de todos os tamanhos, de todas as cores: pequenas pulgas pretas, outras marrons enormes, algumas com o ventre redondo. Vivem em casais ou em famílias, aninhadas nos fios dos cobertores. É preciso separá-los para encontrá-las. Ficam isoladas ou em ilhotas mais ou menos densas. Muitas vezes, num pulo, deixam seus esconderijos, mas na maioria das vezes é necessário arrancá-las. Desenvolvo uma notável destreza diante desta necessidade. Mato dezenas por dia; minhas unhas estão cheias do sangue que elas me sugaram durante a noite, mas nem sinto mais nojo. Estão em todo lugar, simultaneamente, caminham sobre mim e fazem cócegas, esgueiram-se entre os curativos, picam no momento mais inesperado. Quanto mais são eliminadas, mais aparecem nos cobertores, nos colchões de palha, em todas as dobras. É uma tortura, mas também um passatempo e uma distração à depressão.

Às vezes, olho para uma das janelas, onde tenho vista para um espaço vazio entre dois barracões. É estranho: formas encapotadas movem-se lentamente sobre uma neve suja. Percebe-se apenas alguns lampejos de rostos. As mulheres – existem mulheres nos campos dos ciganos – têm saias coloridas com anáguas de múltiplas camadas, roupas sobrepostas cobrindo os bustos. Os homens são hirsutos, mas vestidos com farrapos civis, eles também estão com roupas sobrepostas. É um mundo muito diferente do nosso, um mundo civil insólito sobre uma lama acinzentada e arames farpados, estranha antecâmara da morte que ainda forma uma ilhota de humanidade além de toda a esperança.

Algumas vezes, minha atenção se fixa no interior do barracão: há memoráveis sessões de luta contra a sarna; certas noites, um homenzinho vestido com uma blusa branca e um ajudante vêm da farmácia. Trazem garrafas cheias de um líquido fedorento. Todos os doentes, sem exceção, devem deixar seus leitos e desfilar em uma fila única diante deles, cada um recebe uma garrafa das mãos do precedente e esfregamos mutuamente nossos corpos com este líquido fedido que arde os olhos e as mucosas. Esse ritual contra a sarna recomeça sempre a cada oito dias. Isso nunca nos impediu de tê-la...

As noites são muito difíceis de suportar; são longas em seu silêncio interrompido somente pelo ronco de alguns, os gemidos de outros e, às vezes, pelos gritos dos que têm pesadelos.

Fora uma lamparina pintada de azul, todas as luzes ficam apagadas. Apenas o vigia da noite, um doente convalescente que tem a confiança do médico-chefe, percorre o corredor central com um cassetete na mão.

Esse ambiente é deprimente. Lembro-me que, em uma noite, um doente se levanta bruscamente, gesticula e pronuncia palavras incoerentes, em seguida, só de camisa, sai pela porta do barracão sem que o vigia tivesse tempo de impedi-lo. Alguns instantes depois, ouço um disparo bem próximo; o vigia vai ver e me diz ao voltar: "Aquele escolheu desistir, se jogou para as balas dos sentinelas." Uma estranha consciência de segurança extremamente precária se apodera de mim, penso que a vida, tão frágil, tão preciosa, se move aqui, em um mundo artificial de limites intransponíveis e que o futuro se encontra totalmente comprometido. Naquela noite luto durante muito tempo contra as recordações da minha vida de antes, o que força a barreira do esquecimento e, finalmente, adormeço.

A grande seleção

Desde que saí do circuito dos campos de trabalho, gozo de uma certa trégua nesse circuito fechado que é o campo-hospital, mas as situações mudam por natureza e uma ameaça latente pode se manifestar de um minuto para o outro; logo identifico um tipo de inquietação difusa.

Desde minha estada no hospital como doente, conheci vários médicos franceses que haviam sido deportados uma semana antes de mim e direcionados para o campo-hospital de Birkenau que acabava de ser criado; estavam todos trabalhando como médicos desde a chegada em Auschwitz. Não tive a mesma sorte que eles, já que minha partida tinha sido adiada em uma semana para que eu confessasse o esconderijo da minha esposa.

O emprego de médico de Bloco lhes proporciona uma boa condição física, estão bem vestidos e satisfatoriamente alimentados. Circulando livremente pelo campo, com frequência vêm visitar o Bloco quatro e às vezes param no meu leito para falar comigo. Há alguns dias passaram muito rapidamente, estão com os rostos tensos e angustiados. Agruparam-se em volta da mesa do chefe sussurrando alguma conspiração e não os escutei mais brincar ou rir, como acontecia de vez em quando. Algo pesado, espesso, se instalou em poucos dias, irrespirável como um pânico paralisante.

Foi somente na véspera que tivemos a certeza: a palavra "seleção" é transmitida, sussurrada de boca em boca. Com um certo pudor frente ao horror, alguns falam somente sobre *Lagersperre* (isolamento do campo), ou *Blocksperre* (fechamento dos Blocos), sem pronunciar a palavra "seleção": no dia seguinte ninguém deixaria seu barracão ou o campo-hospital. De fato, todo mundo sabia o que significava o fechamento do campo e dos barracões.

Na manhã do dia 27 de janeiro de 1944, acordo sufocado por uma angústia opressiva que tento acalmar me dizendo que uma morte rápida me livraria dos meus sofrimentos, que tudo acabaria, que uma situação desesperada chegaria ao fim após algumas horas de angústia.

Nossos médicos mal conseguem dissimular suas preocupações. O lado "ariano" do Bloco, composto essencialmente de doentes poloneses, mostra sua indiferença. Meu vizinho à direita tem um rosto muito comprido, uma expressão de cavalo triste. É um açougueiro de nacionalidade holandesa, católico há várias gerações, a quem os alemães lembraram que em algum lugar havia uma ascendência judia. Parece não entender o que está acontecendo com ele. Mexendo sua cabeça grande e magra, me olha e repete incansavelmente em holandês: "tudo passa, tudo passa, tudo passa…"

Por volta das onze horas, chegam o médico-comandante SS Tilho e seus assistentes. O médico-chefe do Bloco, em posição de sentido, grita: "*Achtung*!".[14] Os funcionários do Bloco, médicos, enfermeiros e secretários se posicionam em sentido atrás do chefe. O silêncio é total. Sob a ordem do médico SS, os funcionários mandam os doentes judeus que conseguem ficar em pé se levantarem. Devem deixar suas camas e se alinhar pelados no corredor central.

Levanto-me com dificuldade. Pouco tempo antes da chegada do "médico" alemão, o médico-chefe do Bloco havia feito um pequeno curativo em mim, o mais discreto possível, com uma gaze de cada lado, por cima da profunda incisão que tenho na sola do pé direito e que vai quase do calcanhar ao terceiro dedo do pé. Minhas coxas e minhas pernas estão magras ao extremo

---

14 "Atenção!" em alemão. [N.T.]

e só consigo andar sem apoio mancando, quase me arrastando. Estou bastante miserável e não acredito que tenha muita chance de me safar. Sou um dos últimos a deixarem o leito, mas a fileira dá meia-volta e acabo entre os primeiros diante do SS.

O comandante Tilho está em pé, na frente da porta de entrada, no meio do barracão. Atrás dele estão duas secretárias de jaleco branco, com folhas de papel e canetas nas mãos. O enfermeiro SS circula pelo Bloco. Em cima de suas camas, os detentos "arianos" acompanham a cena como testemunhas mudas.

Tilho está ali, com as pernas separadas, como um anjo das trevas. É um homem muito magro com o rosto triste, os cantos da boca caindo, as bochechas marcadas de profundas dobras verticais. Reconheço-o entre mil. É elegante, mas suas roupas são compridas e amplas demais. Parece que ele também permaneceu com suas roupas enquanto emagrecia.

Os homens desfilam diante dele e estendem seus braços marcados com o número tatuado. Há de tudo aqui: fleimões das pernas, fraturas curadas ou ainda com fixadores externos, cabeças enfaixadas. Entre eles, há muitos doentes curados ou em vias de cura.

Esse "médico" avalia com o olhar os homens que desfilam, um olhar que só expressa soberba e desprezo. A cada doente que passa, faz um sinal com o indicador esticado, sem afastar o cotovelo do corpo, deslocando simplesmente o dedo à esquerda ou à direita. À esquerda, aqueles que terão a vida salva, à direita, os condenados à morte, os que irão para a câmara de gás. Não há muitos eleitos. Três estão na minha frente, eles são mandados para o fundo do Bloco. Quando chega a minha vez, o médico-chefe do Bloco indica o diagnóstico e acrescenta: "é médico". O SS lhe responde: "Ele pode ir, já que é médico".

Tenho mais uma vez a vida salva. Os SS poupavam os médicos e nunca soube nem entendi o porquê. Depois de mim, há ainda dois ou três salvos, todos os outros são mandados para a direita. Os secretários inscrevem febrilmente os números dos condenados que leem nos antebraços esticados. Alguns tentam se deitar entre as fileiras de beliches, mas não há jeito. Fico em pé entre minha cama e a do lado e me apoio nos leitos de cima. O enfermeiro vem até a mim e pergunta: "Você está inscrito?". Respondo-lhe: "Não". Então, ele chama o secretário e pede que me inscreva na lista dos condenados, grito que o chefe deles havia me tirado dali por eu ser médico e ele me deixa em paz. Em poucos minutos minha vida foi comprometida e salva duas vezes; parecia um jogo de amarelinha grotesco, não havia pisado nas linhas graças à minha profissão e meu conhecimento da língua alemã.

Toda essa cena não durou uma hora. A maioria dos inscritos ficam atônitos, não falam, não se movem. Sentados em seus leitos, parecem perdidos num sonho remoto, desconectados de tudo. Os mais jovens choram vergonhosamente, escondidos debaixo de seus cobertores. Na minha frente há um menino holandês muito jovem. Recebia cuidados para um enorme fleimão que ocupava a nádega inteira, a lombar e uma parte da coxa em consequência de pancadas de bastão; sua cicatrização foi surpreendentemente rápida, agora que se curou, vai morrer. Mais tarde, vi a foto desse menino antes da prisão, com dois camaradas: uma criança alegre, cheia de vida, com magníficos cabelos cacheados, vestindo traje civil, colarinho e gravata; agora está irreconhecível: é um sujeito envelhecido, com bochechas fundas, pálido e triste, o cabelo raspado. Permaneceram apenas os olhos imensos, muito lindos, com todo o seu brilho de inteligência. Suas lágrimas escorrem lentamente pelas bochechas e me faz testemunha desse absurdo: "Eu estava curado e agora devo morrer depois de tanto sofrimento!"

Desde minha chegada, um jovem belga de 21 anos vinha toda manhã arrumar minha cama com uma grande simplicidade, sem esperar nada de mim em troca. Um húngaro de 28 anos, também companheiro dos primeiros dias, se instalava na beira da minha cama ou no chão e me contava todo tipo de histórias durante longas horas de insônia. Agora, está pálido, derrotado e cerra os punhos num gesto de raiva impotente. É um menino corajoso, provou isso antes de chegar aqui, mas essa morte ignominiosa, sem defesa possível, vai além da capacidade de compreensão. Durante a seleção, tentou se esconder debaixo de uma cama, mas foi retirado do seu esconderijo e inscrito na lista fatal. No dia seguinte, ficou sabendo que estava salvo pelos próprios carrascos: por ser detento por delito, deveria ser julgado e os serviços secretos alemães o chamaram em qualidade de réu! Assim, paradoxalmente, são os mais inocentes que menos tem chance de sobreviver; ele é declarado *Schutzhäftling*, detento protegido! Aqueles que haviam trabalhado na guerra secreta contra a Alemanha não deveriam morrer numa seleção. Será que tinham reservado um destino diferente para eles?

Há também um jovem menino de 16 anos, quase uma criança, muito pálido, muito magro com olhos tristes, gestos lentos, tão lentos que mal o vemos se movendo. É um protegido do médico-chefe que poderia tê-lo vestido de enfermeiro e camuflado entre os outros, mas o esqueceu e agora ele chora.

A tarde desse dia horroroso se passa numa atmosfera sufocante. Permaneço encolhido na minha cama e evito cruzar os olhares daqueles que estão inscritos para morrer. No dia seguinte à seleção, sabemos que dois "detentos protegidos" estão salvos, que um terceiro condenado se safou graças a misteriosas relações, na verdade, pela intervenção do seu irmão que é regente de orquestra em um dos campos. Éramos sete sobreviventes definitivos ao todo. O dia é interminável. O Bloco e o campo permanecem fechados, no entanto, as notícias voam: em outros blocos o resultado é comparável ao nosso, é um massacre em grande escala, dois mil homens foram "escolhidos"!

Por volta das quatro horas, o chefe recebe a ordem de agrupamento. O secretário faz a chamada por números e os citados se precipitam rumo à porta, como se quisessem que tudo acabasse rapidamente. Todos sabem para onde vão; são alinhados em cinco, vestidos somente com suas camisas, descalços. Durante a chamada dos primeiros números o silêncio é total no Bloco inteiro.

O cabeleireiro do Bloco é um polonês rude e taciturno, frequentemente generoso em xingamentos, às vezes até em pancadas. Nesse momento, ele se aproxima do grupo dos condenados e estende, com lágrimas nas bochechas, um pacote de tabaco e cigarros, gesto de piedade e abnegação surpreendente da sua parte, pois o tabaco é raro e caro. Seu impulso é seguido por outros que dão pão preto, pão branco e bolos de seus pacotes; os condenados agarram avidamente essa comida e aproveitam esse supremo minuto para desfrutar o último prazer de aliviar sua fome e fumar.

A chamada segue; aqueles que não conseguem andar são transportados um atrás do outro na única maca do Bloco. Alguns homens soluçam, a maioria é silenciosa e séria. Em certo momento, o movimento desacelera, os homens deixam suas camas a contragosto, o secretário perde a paciência, mas sua voz fica rouca quando pronuncia essa fala infeliz: "Sejam rápidos. Não compliquem as coisas para mim!"

Assim que a coluna está completa e alinhada na neve em frente ao barracão, eles são novamente contados e partem rumo à sala das duchas. Depois de terem retirado suas camisas são colocados pelados diretamente no piso de cimento úmido com os selecionados dos outros barracões. Os vigias poloneses das duchas, excitados pelo álcool que os alemães lhes deram para aquela ocasião, armados com cassetetes, baterão e xingarão durante horas seus infelizes irmãos de cativeiro.

À noite, os caminhões chegam; os SS estão armados unicamente com bengalas, último gesto de desprezo em relação a esse gado aterrorizado e dócil que só tem o desejo que isso acabe o quanto antes. Tudo isso, soube pelo relato de outras testemunhas, mas a cena que vivi depois é tão patética que cada detalhe ficou gravado na minha memória durante todos esses anos:

É de noite e as camas vizinhas estão vazias; os poucos sobreviventes esperam, aflitos. De repente, ouve-se um barulho de caminhões que se amplifica: um primeiro caminhão passa na estrada em frente ao barracão e ilumina as janelas com uma luz fraca. Um canto emana do caminhão e ecoa pela noite, é o hino nacional judeu; às vezes, mais abafados e cobrindo essa melodia cantada por cem gargantas, há gritos de dor e gemidos de angústia, imprecações e maldições em todas as línguas.

Somente dois caminhões passaram na frente do nosso barracão, mas todos nós sabíamos que seus sofrimentos estavam chegando ao fim, que dois mil cadáveres logo se consumiriam nos fogos dos crematórios cujas chamas subiriam muito alto no céu noturno...

No dia seguinte, estou em um barracão quase vazio. Na minha frente os poucos "arianos" que ali estavam antes da seleção permaneceram. Ao meu lado somos três sobreviventes, fora isso a fileira inteira está vazia.

A vida do campo continua, minha vida no Bloco também; as lacunas são rapidamente preenchidas por novas chegadas. Quanto ao desfecho, penso ainda menos nele agora; pensar para quê? Quantas vezes poderei escapar das sucessivas seleções por milagres semelhantes? Por quantas seleções passei antes de vislumbrar uma luz de esperança? Não, não mesmo. Não há nem uma chance de salvação a se esperar.

Uma reviravolta

Continuo sobrevivendo e isso se torna quase monótono: os dias passam entre acordar a deitar, de um cochilo ao outro, da caça às pulgas ao vai e vem no Bloco.

Certa noite há uma novidade. Um visitante, de um tipo desconhecido até então, entra pela porta. Tem uma elegância incomum: magníficas botas de cavaleiro, calça de equitação, jaqueta de tecido azul acinturada muito bem cortada e aparentemente feita sob medida, uma boina listrada impecável, orgulhosamente inclinada na orelha. Fico me perguntando se naquele dia ele não estava usando uma gravata com um alfinete! Está com a postura reta e me parece lindo, sim, verdadeiramente lindo. Entra, muito seguro de si, com um sorriso largo, se aproxima da mesa do médico-chefe, o saúda com um tapa nas costas e conversa com ele.

Em seguida, vira e olha para mim. Noto que ele tem um olho vítreo e que uma larga cicatriz atravessa a íris do olho esquerdo. Assim que ele exclama "Fred, meu velho!", o reconheço: é Pach, meu amigo Pach, meu colega de longos anos de estudos, mais do que um conhecido, um amigo de todos os dias durante muito tempo. Depois de dez anos nos encontramos ali, a milhares de quilômetros das nossas casas.

Para mim, é um encontro maravilhoso; ele sempre foi sentimental, vem com muito ânimo até mim e me abraça: "Como estou feliz por te reencontrar, meu velho... Não por mim, mas por você. É a sua sorte, a sorte de sua vida. Não te deixarei, não te abandonarei. Prometo! Tenho tudo, tudo que preciso para comer em abundância, boas roupas, como você pode ver. Posso tudo aqui, menos sair, claro! Mas fora isso, tudo que você possa imaginar. Você vai ver, terá tudo que precisar!"

Nessa noite ele não fica muito tempo. Depois da sua partida, as línguas se soltam, o médico-chefe se aproxima do meu leito e me pergunta: "Como assim? Você conhece o Pach?" "Sim, estudamos juntos." "Você vai ver, é um bom homem. É o médico-chefe do *Sonderkommando*.[15] É muito poderoso, talvez um dos homens mais poderosos do campo. Tem recursos extraordinários e vai poder te ajudar de modo muito eficiente; sorte a sua que ele se interesse por você."

A partir deste momento, vivo num clima de esperança. Para ser sincero, uma esperança muito modesta, com objetivo limitado: um dia, comer até me saciar. Ele prometeu que me ajudaria, então o espero dia após dia. Sinto o tempo demorado. Todas as noites fico decepcionado e, no fim das contas, acredito que ele tenha se esquecido de mim. Certo dia, ele chega, tão brilhante, elegante e bem alimentado como na primeira vez, se aproxima de mim, tão cordial e eloquente, e me dá um presente inestimável: uma sacola de tecido contendo uma boa quantidade de sêmola de trigo e algumas cebolas!

Tal presente não tem preço. A partir deste momento a fome não é mais uma tortura; sei que posso obter suplemento, possuo uma preciosa moeda de troca. Sutilmente minha situação no Bloco evolui; sou amigo de alguém muito poderoso, então tenho direito a certos benefícios: posso me aproximar do fogão, posso torrar fatias de pão, privilégio reservado aos poderosos; posso também, quando estou com muita fome, cozinhar uma sopa de sêmola com resíduos de cebola frita. Tenho esse direito tácito e

---

15 A palavra alemã "unidade de comando especial" designa o grupo de prisioneiros judeus encarregado de uma série de tarefas nos campos de concentração e extermínio nazistas, principalmente as ligadas ao extermínio em massa como condução dos prisioneiros às câmaras de gás e transporte dos corpos até os fornos crematórios. [N.T.]

o utilizo. Imperceptivelmente, mudei de escalão dentro do Bloco, ingresso no círculo das pessoas que importam.

Conosco há um vienense gordo sentado em posição de lótus em seu leito, como Buda; parece presidir justo à beira da mesa do chefe. Discursa o dia todo e o escutam porque deve ter sido alguém poderoso na vida civil. Seu poder no campo é misterioso, mas constato que é respeitado e que possui poderes ocultos. O médico-chefe lhe dá suplementos e imagino negociações feitas por debaixo dos panos. Presumo que possua objetos de valor, talvez pedras preciosas, que servem de moeda de troca, mas também é possível que tenha cúmplices do lado de fora, isso existe: há organizações por intermédio dos sentinelas SS, cujo primeiro elo é uma fortuna escondida e o último, depois de compensar todos os intermédios, um pedaço de pão. Estou exagerando pouco! De todo modo, debaixo do travesseiro do "vienense" há reservas de latas de geleia, pão, margarina que ele come discretamente e sem entusiasmo; também tabaco e outras riquezas.

Com tudo isso ele pode bancar o mecenas. Certa noite, um jovem cantor holandês vem ao nosso barracão, agacha ao pé da cama do riquinho, entoa uma canção nostálgica da África do Sul com um violão – um violão aqui! Com uma voz muito doce, encadeia outras canções holandesas e alemãs. Sua voz é lindíssima e, brutalmente, faz vir à tona lembranças sufocadas há muito tempo.

O encontro com Pach aumentou em dez vezes minha resistência moral. Começo a vislumbrar uma possibilidade, se não for a de me safar, pelo menos a de resistir um tempo suficiente para que as circunstâncias tenham tempo de mudar, mas não há possibilidade de se distanciar da atmosfera do campo, não é possível esquecer um instante onde vivemos. Uma olhada através da janela me traz cruelmente à realidade: vejo o que parece ser um grande amontoado de lenha que projeta sua sombra sobre uma das janelas. Olhando com mais atenção, reconheço com horror uma pilha de cadáveres emaranhados de mulheres, visão monstruosa de corpos descarnados, barrigas profundamente vazias, órbitas ocas, bocas deformadas cujos lábios ressecados e retraídos deixam aparecer as duas fileiras de dentes em toda a sua altura. Esses pobres seres massacrados parecem ter sido congelados em suas últimas contorções. Desse monte, emergem, em todas as direções, braços, pernas e crânios, pobres crânios desnudos, com cabelos raspados. É um amontoado horrível do que foram mulheres bem vivas alguns meses antes. Um sentimento de desolação me invade vendo esta imagem. Nenhuma esperança de sobrevivência em outro mundo resiste a este confronto material com a destruição da vida deixada ao acaso mais caótico.

Minha estada no Bloco quatro não durará muito mais tempo. Alguns incidentes pessoais marcarão os últimos dias: tive dor de dente, esse tipo de dor que nos aflige desde sempre parece quase grotesca perto dos sofrimentos físicos e dos intensos tormentos morais habituais nesse lugar. Entretanto minha dor de dente necessitou da intervenção de um dentista e essa ocasião mostrou a diferença de reação: o dentista tinha apenas uma grande pinça de mecânico para extrair dentes, e ao arrancar o meu dente, ultrapassou o suficiente para quebrar o dente vizinho. Isso aconteceu naturalmente, sem anestesia de nenhum tipo, e não sofri. Fiquei surpreso de ver a que ponto minha sensibilidade à dor estava atenuada!

Um outro dia, tive muito medo apalpando uma região dolorida atrás da orelha esquerda; pelo que sabia, devia ter um abscesso da mastoide que levaria muito rapidamente a uma meningite e à morte pela ausência de defesa contra a infecção nesse organismo enfraquecido. Minhas previsões pessimistas não foram confirmadas: era só um abscesso superficial e uma simples incisão o curou em muito pouco tempo! Mais uma vez, a minha certeza de um fim precipitado foi reduzida ao absurdo.

Minha ferida no pé fechava lentamente, a cicatrização chegava de modo regular. Tudo ocorria como se meu organismo estivesse gastando seus últimos recursos para fechá-la às custas de outras partes do meu corpo: com a minha imobilidade prolongada, minhas pernas tinham particularmente sofrido – sobretudo a direita – e não passavam de duas baquetas de tambor rígidas, roxas e insensíveis cuja musculatura tinha se derretido ao extremo.

Homo erectus

Assim que minha ferida fechou, fui encaminhado para um barracão de "convalescentes", onde permaneço somente por alguns dias. Logo após, em pleno mês de fevereiro, no pleno rigor do inverno polonês, inicia-se a despedida definitiva e devo afrontar mais uma vez o desconhecido. No entanto, no que me diz respeito pessoalmente, o campo perde este terrível aspecto de extermínio sistemático. De agora em diante, encontro-me em uma engrenagem que possui um aspecto médico e me relaciono sobretudo com médicos; devo confessar também que minha alma começa a adquirir uma certa experiência. Estava me tornando um verdadeiro concentracionário, alguém que conhece bem os mecanismos do campo e aprende a se defender por seus próprios meios.

Um dia, o médico me anuncia que devo deixar o barracão porque, segundo ele, estou curado. Envia-me para outro Bloco do campo-hospital, o Bloco quinze, onde o trabalho médico me espera. Devo realizar ali um trabalho de médico-enfermeiro que faz curativos. Depois de meses passados na cama, coloco novamente roupas e, pela primeira vez, recebo roupas civis, o que não deixa de me impressionar. Não é o caso, obviamente, de me acompanharem, e se eu me espatifar no caminho, serei retirado como mera sujeira. Como chegar ao Bloco 15? Tento dar alguns passos, mas minhas pernas não querem mais me carregar e, por conta do frio e do solo gelado muito íngreme, não consigo. Deixo o barracão e me arrasto penosamente, de quatro, única forma de me deslocar em direção ao meu novo destino a uns trinta metros dali, vigio os arredores; não seria bom ser surpreendido por um SS nessa posição! Por sorte não há muito vai e vem nesse canto do campo e, principalmente, não há alemães à vista; os enfermos são muito malvistos, recomenda-se esconder cuidadosamente toda insuficiência corporal. Chego sem problemas na vizinhança da minha nova atribuição, me apoiando na porta, faço um esforço violento para me erguer e entro no novo Bloco para me apresentar ao chefe local.

É um barracão imenso, muito maior do que o barracão cirúrgico número quatro. Deve ter por volta de cinquenta metros de comprimento, mas para mim parece infinitamente maior.

Entre os beliches de três andares há um largo corredor dividido no meio por uma construção de alvenaria que vai até a altura dos joelhos. É um conduto de calor alimentado em uma de suas extremidades por um imenso forno à lenha. As duas fileiras de beliches são muito altas, ocupam toda a altura da parede e sua estrutura está integrada à do barracão. Cada andar comporta três vezes três lugares, mas na realidade, são de quinze a vinte no lugar de nove, de maneira que só podemos dormir estreitamente apertados uns contra os outros. O teto é duplo e a parte mais fina possui uma fileira de claraboias pelas quais penetra a luz do dia; não há outras janelas.

Na entrada do barracão há um cômodo reservado ao chefe do Bloco e em frente fica o depósito de comida, a partir do qual as distribuições são feitas. Bem no fundo e em toda a extensão, há uma espécie de plataforma sobre a qual ficam os médicos.

No momento em que chego, eles estão trabalhando e faço contato com vários médicos de Paris, alguns conhecidos. São seis ou cinco sentados em banquetas e os feridos desfilam diante deles em uma longa fila; trocam os curativos de papel em um ritmo veloz. Direcionam-me a um lugar no primeiro andar (os médicos ficam alojados entre os doentes).

Esforço-me para realizar minhas funções de médico, troco alguns curativos, até redijo alguns prontuários dos doentes; é então que tenho a oportunidade de tocar o "sistema": os prontuários são impecáveis, nenhuma nota sobre a evolução da doença, nenhuma tomada de temperatura sequer pode faltar no relatório e as fichas de evolução são cuidadosamente preenchidas. Cada comprimido de aspirina deve ser relatado.

Tudo isso não passa de um blefe: o esgotamento dos doentes, a subalimentação, a promiscuidade dos diarreicos ou portadores de supurações apressam os óbitos em um ritmo fulgurante e esse barracão, contendo por volta de mil ou mil e quinhentos doentes, fornece todos os dias vários corpos para os crematórios, constantemente, substituídos por recém-chegados.

Não encontrei nesse Bloco antigos camaradas de Jaworzno, mas tive notícias deles; os que foram transportados para o campo-hospital nas mesmas condições que eu não estão mais lá. Alguns haviam sido selecionados e foram para o gás assim que chegaram. Outros tinham morrido de esgotamento ou de doença; é assim que fico sabendo da morte de Weill. Ao deixar Jaworzno por causa de um braço quebrado por um golpe de pá dado por um alemão, disse: "Para mim, acabou. Fico feliz por isto". Também soube da morte de Jacques Leritz, alguém que conheci muito bem, o jovem engenheiro químico morto por causa de hemorroidas; sangrando abundantemente todos os dias. Chegou a um tal estado de fraqueza que morreu no bloco quinze, alguns dias depois de sua chegada.

Reaprendo a caminhar, mas meu estado de saúde não melhora muito. A ferida do meu pé se abriu e supura indefinidamente. Sem contar que a comida não melhorou em nada e mesmo que tenha uma esperança secreta de encontrar Pach, fico sem notícias dele.

Um dia, há um forte alerta. O chefe do Bloco SS chega inesperadamente, manda colocar os médicos em fileiras de cinco, nos insulta copiosamente, nos chama de preguiçosos e distribui pás para retirarmos a neve que cobre o chão em grandes montes entre os barracões. É uma penosa recordação; tremendo de frio sob as rajadas de vento, com dores em todo lugar, finjo cavar, prevendo desabar a cada instante. Minhas mãos e pés estão gelados, mas depois de um tempo que me parece interminável, duas ou três horas, a vigilância do alemão relaxa e posso entrar no Bloco.

A vida no campo de concentração continua, mas estamos na corda bamba; ainda assim é possível sobreviver, contanto que se permaneça escondido na massa dos detentos. O perigo é que alguém tome conta de você pessoalmente, como indivíduo; nesses casos, as boas surpresas são excepcionais e corremos o risco de sermos colocados, sem transição, em condições de vida impossíveis de suportar. O essencial é evitar se singularizar, seja por seu comportamento, seja por uma falha ou, ao contrário, declarando-se voluntário para o que quer que seja; mesmo sendo discreto, não é sempre que se consegue escapar do destino.

Um dia, sou convocado pelo médico-chefe do Bloco; ele anuncia minha designação em um barracão-enfermaria criado recentemente que eu desconhecia até então. Tenho apenas alguns minutos para me despedir dos camaradas e parto mancando.

O novo Bloco se assemelha ao quatro, que tinha me surpreendido muito em minha chegada, mas é ainda maior: há seis fileiras de leitos duplos em toda a sua extensão, o sol penetra por várias janelas baixas, tudo é limpo e impecável e há lençóis brancos sobre as camas. Tenho a sorte extraordinária de ser nomeado para um Bloco de privilegiados, composto exclusivamente por doentes e médicos poloneses. Como soube mais tarde, alguns doentes pertencem a importantes famílias da nobreza polonesa. Sou o único médico estrangeiro, o médico-chefe é polonês. Esse barracão parece uma sala de hospital de verdade.

Na entrada do Bloco, os médicos têm um quarto para eles onde há apenas seis camas.

Para mim, é quase um refúgio de bem-estar. Todos os doentes recebem caixas suntuosas de suas famílias e os médicos poloneses são muito favorecidos com suas liberalidades, graças às quais alguns deles prolongam suas permanências para além da cura, sem real necessidade. Esse jogo é perigoso para os médicos complacentes, mas um benefício importante.

Para gozar dessa atmosfera privilegiada, devo evitar olhar pela janela do fundo do barracão, a que dá para o campo vizinho. É o espaço onde foram implantados três crematórios, construções robustas de tijolos vermelhos, cujas sinistras chaminés, largas pirâmides incompletas, noite e dia, são dominadas por um degradê de fumaça, avermelhando a noite. Como posso esquecer por um instante que ali queimam meus irmãos assassinados? Nada parecido ameaça os doentes desse barracão, que muito frequentemente partilham do mesmo ódio racial que os alemães.

Desde o primeiro dia, dedico-me muito seriamente em trabalhar como médico, redigindo os prontuários dos doentes. Olho atentivamente ao meu redor, observo o comportamento de meus colegas poloneses e noto que alguns enfermos têm direito a cuidados particulares, às vezes até mesmo a reverências.

Desde o início, sinto a hostilidade dos outros médicos em relação a mim. Cometo um primeiro erro no dia em que devo colocar ventosas em um doente que todo mundo trata com um profundo respeito e chama de "senhor conde" ou algo como "sereníssimo", expressão polonesa que não saberia traduzir corretamente. Convido-o a sair de sua cama e a se instalar em uma banqueta, para lhe colocar ventosas. Cometi um grande erro, um verdadeiro ato de lesa-majestade, assinei meu ato de condenação. Não tinha compreendido a diferença de comportamento que deveria ser dirigida a certas personalidades do alto escalão. Deveria ter-lhe colocado as ventosas em sua própria cama. Tento contornar a situação mostrando-me muito atencioso, mas nada dá certo; de agora em diante, ele me persegue com um ódio implacável e faz intrigas para me expulsar. Não tinha me dado conta da organização quase feudal da sociedade nessa Polônia que se proclamava democrática!

É uma pena, pois minha situação é muito invejável. De noite, assisto às conversas intermináveis dos meus colegas poloneses, incompreensíveis para mim. Enquanto se regozijam com frutas, bolos e outros tesouros com os quais seus doentes lhes gratificam, às vezes recebo uma porção, ainda que bem modesta. Alguns de meus doentes se mostram gratos, mas raramente recebo presentes, às vezes uma fatia de pão branco.

A comida oficial é diferente da que é servida nos demais Blocos; os outros médicos desdenham da sopa e, aos domingos, quando temos uma sopa espessa de ervilha, como até me saciar. Minha estada de algumas semanas entre os "ricos" me faz ganhar peso, tenho sorte demais; desde o início sou apenas tolerado, mas logo sinto uma hostilidade clara da parte do médico-chefe que age por incitação do doente poderoso a quem eu ofendera. Apesar desse clima hostil, aguento bem durante algumas semanas, esperando que as coisas se acalmem.

Minhas satisfações não são apenas materiais; pela primeira vez, encontro-me em um ambiente profissional com doentes que sofreram, mas cuja condição não é comparável em nada aos condenados à *Noite e neblina*.[16]

---

16 *Nuit et Brouillard*, documentário de 1956 de Alain Resnais sobre os horrores do Holocausto, no qual o cineasta mostra imagens dos campos de concentração e extermínio dez anos após o final da guerra. [N.T.]

Uma aventura surpreendente aconteceu comigo com um desses últimos e depois fiquei pensando muito nisso. Trata-se de um cigano que fala um pouco alemão. Com algumas noções que tenho de polonês, compreendo o que ele me diz. Uma noite, ele se propõe a ler as linhas da minha mão, aceito por brincadeira e ociosidade. Contempla seriamente a palma da minha mão e me diz: "Você correrá um grave e preciso perigo durante a segunda quinzena de abril; se sobreviver a este período, você viverá e sairá daqui". Em seguida, ele me fala outras coisas, diz meu número da sorte e minha cor e que viverei até os 50 anos, se tiver a sorte de sair vivo.

Desses assuntos não retive grande coisa; considerei essa sessão como um passatempo e não pensei mais a respeito. Essas predições me parecem tão destituídas de significado que tenho a convicção absoluta de não sair vivo. Apenas mais tarde, depois de minha libertação, poderei verificar o acerto impressionante de suas predições, e se afirmo que os fatos relatados são absolutamente verdadeiros, por outro lado recuso-me a fazer comentários sobre fenômenos incompreensíveis dos quais fui ator direto.

Minha estada no "Bloco dos ricos" se torna cada vez menos tolerável e um forte incidente que tive com o jovem médico-chefe polonês colocará um fim nisso: redijo a história da doença pulmonar de um dos meus pacientes, prestando todo o cuidado que minha ciência e minha consciência me ditam, com a convicção de que essas precisões não terão nenhum efeito em relação ao tratamento. Meu vocabulário profissional em alemão é fraco e, muitas vezes, devo traduzir termos franceses, o que pode provocar erros de interpretação. O médico-chefe lê meu prontuário, o critica violentamente, ausculta meu doente e muito raivoso, com os olhos exorbitados, grita na minha cara: "*Khaukhendes respirioum!*", modo polonês de pronunciar as palavras alemãs: *"Hauchendes respirium"*, termo que significa "respiração soprosa", que diz ter ouvido e que eu não reportei, e joga isso várias vezes na minha cara com seu sotaque polonês. Segundo ele, seria o sinal característico da doença. Devo dizer que não estou em uma forma ideal para auscultar um doente!

Ele toma como pretexto esse "erro grave" para se livrar de mim e me mandar embora no mesmo minuto.

O campo de quarentena

No dia em que sou banido do Bloco dos poloneses, há uma reunião com chamada ao ar livre de todos os médicos do campo-hospital. O médico-chefe pede voluntários para o "campo de quarentena"; é o mesmo médico polonês que procedera à seleção quando cheguei em Jaworzno e que assassinava com mais frequência do que atendia pacientes. O campo de quarentena recebe os deportados provenientes de outros campos e os mantêm no intuito de reparti-los nos campos de trabalho. Na realidade, esse campo de passagem conduz quase sempre à morte por esgotamento ou diretamente à câmara de gás.

Não sei o que passa pela minha cabeça, mas levanto a mão. É a primeira e última vez que me ofereço ao voluntariado, já que tinha prometido a mim mesmo que resistiria a essa tentação, mas trata-se de uma vaga de médico e em razão de uma melhora em meu estado de saúde, estimo que possa ser uma oportunidade única.

Ainda não atravessei a porta de nenhum desses campos por meus próprios meios, é também uma nova experiência. Somos vários os designados para o campo de quarentena. Um *Kapo* nos conduz até o portão do campo-hospital, portão de dois batentes equipados com arames farpados onde um sentinela do posto de guarda se encarrega de nós. Levamos conosco um carrinho de mão que contém provisões para o campo de quarentena, puxamos em dois, revezando as posições. Uma parte do trajeto se dá em uma estrada coberta de lama e neve, entre duas fileiras de postes envoltos com arames farpados que delimitam a perder de vista outros campos formados por barracões iguais.

Como toda lembrança da vida do lado de fora, esse caminho dá a ilusão de nos levar em direção à liberdade; na verdade, trata-se de uma via interna dos campos e encontramos apenas comboios de prisioneiros severamente vigiados, como o nosso. Mesmo assim, essa caminhada representa uma conscientização do meu corpo, das minhas possibilidades de me mover e de seguir um certo ritmo de caminhada. Ter conseguido me manter em uma certa forma física, apesar dos sofrimentos suportados, é para mim um eterno espanto; o que também é impressionante é a pouca distância real percorrida em relação à impossibilidade absoluta de circular de um campo a outro por vontade própria. Em uma vida normal, o Polo Norte me pareceria mais fácil de se chegar do que aqui, um campo a uns cinquenta metros!

Ao chegar, sou tomado por um clima completamente novo. Somos apenas três médicos para o transporte inteiro que vem de outro campo que não sabemos qual é; ele comporta um grande número de jovens de menos de 20 anos, em estado físico muito ruim, a maior parte em estado desesperador.

Por conta da comida da qual me beneficiei no Bloco anterior, com certeza melhor, mas indigesta e desordenada, tenho problemas digestivos, mas sobretudo coceiras violentas que dão origem a uma série de feridas supuradas essencialmente devido à total falta de higiene: estão em toda parte e são de diferentes tamanhos, atrás das pernas e das coxas, nos pés, no peito e nas costas; apesar dos cuidados que tento ter, permaneço acordado noites inteiras me coçando.

Durante o dia, fico relativamente tranquilo. Reprimo a emoção provocada pelo espetáculo alucinante da aglomeração desses moribundos e é somente graças a essa força de vontade que consigo aguentar.

Duas vezes por dia procedemos à distribuição de sopa e pão; no tempo restante, tentamos prestar alguns cuidados precários ou simplesmente palavras de encorajamento e intervimos para acalmar as brigas desses pobres seres exasperados pelo sofrimento. Às vezes, ocorrem disputas entre nós médicos por conta de uma concha de sopa ou por algumas migalhas de pão que sobram de uma distribuição. Estamos tão famintos quanto os nossos pacientes.

Esses últimos são absolutamente deploráveis. Lembro-me de um rapaz bem jovem que me conta que era aluno em um liceu em Paris, filho de um oficial superior. Uma noite, subitamente, cospe sangue em grande quantidade e em seguida morre. Não temos nenhum meio de estancar essa hemorragia, está com os pulmões destruídos pela tuberculose que queima etapas nesse contexto fragilizado.

Levados pela estrada de ferro em vagões para animais, empilhados, sem cuidados e sem comida, chegaram aqui para morrer. Todos os dias há um grande número de mortos. No dia seguinte à morte desse jovem, vejo o corpo do meu pequeno parisiense completamente nu no portão do Bloco, numa pilha de uma dezena de cadáveres. Todas as manhãs, o mesmo quadro horrível. Esse barracão, que se chama cinicamente "Bloco de convalescentes", me lembra o quarto da morte onde havia passado um dia e duas noites em Jaworzno.

O barracão ao lado do nosso é ocupado por mulheres, a maioria jovem e vigorosa, bem-nutrida. Posso falar com duas delas que tinham vivido em Paris. Elas me contam que fizeram parte do "Canadá" do campo de Maïdanek, *Kommando* para confiscar todos os objetos e alimentos que os deportados traziam em suas bagagens. Esse *Kommando* era, portanto, bem nutrido. Depois da dissolução do campo de Maïdanek, foram transferidas para Birkenau e manifestam seu pessimismo em relação a esse deslocamento, estão convencidas de que foram trazidas aqui para serem mortas. Tento tranquilizá-las, mas elas conhecem bem demais o mecanismo dos campos de extermínio. Tinham razão, infelizmente. No dia seguinte, o barracão delas está vazio, foram levadas durante a madrugada ao crematório, colocadas no gás e queimadas.

É insuportável estar permanentemente mergulhado nessa atmosfera de morte, mas aprendemos a nos considerar mortos em suspensão e temos a certeza de que o fim chegará para cada um, sem exceção.

Meu esgotamento é profundo, minha ferida do pé ainda supura, minha perna está inchada com o dobro de seu volume normal e, apesar dos meus esforços, não consigo me fazer passar por alguém apto a cumprir as tarefas regulares. Um dia, estamos todos alinhados diante do barracão, o médico-chefe faz uma espécie de seleção entre os enfermeiros e reenvia os inaptos ao campo-hospital na qualidade de doentes. Ao chegarmos, ficamos sabendo que uma grande seleção se prepara e penso que minha suspensão acabará aqui. Entro, novamente, como doente em um grande Bloco que não conhecia.

Três dias depois da minha chegada, dá-se a seleção. Ela é terrível, a mais dura à qual fui submetido. Foi necessário um conjunto de circunstâncias extraordinárias para que eu tivesse a vida salva. Por muito pouco não estive entre os numerosos condenados: quando estávamos todos alinhados diante das camas de concreto, o médico SS Tilho, que procedera à grande seleção no Bloco quatro, atravessa o limiar da porta e permanece em pé, sem se dar ao trabalho de percorrer a fila de homens que esperam. Tenho a sorte de me encontrar somente a alguns metros dele e a coragem de gritar do meu lugar no momento oportuno: *"Ich bin Arzt!"* (sou médico). Ele me manda ficar fora das fileiras juntamente a dois outros camaradas muito sólidos, somos os únicos a ter as vidas salvas entre centenas de ocupantes do Bloco.

Mais tarde, ficarei sabendo que um outro médico, levado do campo de quarentena no mesmo dia que eu, fora enviado ao crematório com os outros ocupantes do barracão porque o médico SS não tinha se dado ao trabalho de entrar.

Isso aconteceu em 27 de abril de 1944. Portanto, na segunda quinzena de abril, confirmando assim a predição do "meu" cigano! É desse momento que vem minha força de resistência e minha vontade de sobreviver, das predições do cigano cujo rosto moreno e grave não me deixará mais...

Um "colega"

Depois da partida dos que chamamos aqui pudicamente – ou melhor, cinicamente? – de *Himmelfahrtskommando*: *Kommando* da Ascenção, somos apenas três e somos imediatamente transferidos para outro lugar. O novo barracão é igual ao anterior, no entanto, se diferencia por possuir uma melhor claridade e ser pintado de cal, querendo, assim, passar-se por uma verdadeira sala de hospital. Ele me deixou a lembrança de um momento menos sombrio, ainda que minha condição não fosse mais invejável do que em outro lugar.

Ocupo um leito próximo ao teto, no terceiro andar. Os leitos são individuais, assim posso me encolher debaixo da coberta e devanear. Fico cochilando a maior parte do tempo em um torpor atravessado por medos súbitos, reminiscências e arrependimentos, tudo está esmaecido em um contexto de resignação fatalista. As imagens ligadas às refeições são as que permanecem mais vivas na minha memória; guardei a lembrança de um médico francês, o doutor Golse, e de seu comportamento amigável: as tigelas são distribuídas em um ritmo muito rápido, os cuidadores fazem a fila a partir do tonel, desfilam quase correndo entre as fileiras e colocam, com gestos precisos, tigela por tigela em cima das camas. Ele estende meu prato na vertical e devo pegá-lo no ar; sabe que sou médico francês, quase todos os dias engana-se para me favorecer, me estende uma segunda tigela e escondo a primeira antes de pegar a segunda. Esse suprimento de uma sopa clara é bem-vindo e o vai e vem dos enfermeiros é tão rápido que é difícil controlar, felizmente para nós dois, pois seria muito perigoso ser pego, visto que todo "ato de sabotagem" é severamente punido.

Esse período acaba também ao fim de somente alguns dias, quando há alerta e agitação de limpeza.

Zenkteller, médico-chefe do campo-hospital, faz uma entrada determinada, precipita-se em direção ao leito de um enfermeiro polonês, xingando e batendo com vontade; em seguida, instala-se em uma cadeira e inicia uma curiosa cerimônia. Tendo deixado enganar-se muitas vezes pelos trapaceiros que, na verdade, de diploma de médico possuem apenas o jaleco (mas quem lhes jogaria pedras?), manda que vários médicos hospitalizados passem por uma prova, inclusive eu.

Tenho a sorte de compreender a gravidade apenas quando a cerimônia acaba, pois o que está em jogo neste exame é a minha vida. Apresento-me de jaleco e pés descalços o que não ajuda a prestar uma prova! No mais, estou tremendo de fraqueza e sofrendo por causa do meu pé mutilado. Se obtenho a média, terei direito a uma sobrevida, certamente aleatória, mas ser reprovado equivale a uma condenação sem prorrogação, pois sou incapaz de retornar ao trabalho com a pá:

– Quantas formas de malária você conhece?
– Três.
– Quais?
– A terçã, a quartã e a perniciosa.
– Qual é o tratamento?
– A quinina e seus derivados, plasmoquina, quinacr...
– Está bem, está certo! Volte para sua cama!

Foi assim que prestei a prova mais importante de minha existência!

Pelo jeito, deixei-o satisfeito, pois ele me envia para a reserva dos médicos do campo de trabalho. Parto imediatamente para o barracão-lavatório (*Waschraum*), passagem obrigatória antes de deixar o campo. Faço uma limpeza rápida e troco de roupa antes de ser agrupado com outros que vão para o campo de trabalho e de ser escoltado até lá.

O *Arbeitslager* (campo de trabalho) é a alma do complexo de Birkenau. É ele quem fornece os trabalhadores para os *Kommandos* exteriores, aqueles que saem todas as manhãs antes do amanhecer a fim de trabalhar na manutenção do conjunto dos campos ou nas fábricas que ficam nas proximidades. Estamos em um Bloco onde formamos um enclave de cerca de 30 não trabalhadores. É aqui que passarei os seis próximos meses e é aqui onde conhecerei Sylvain e Riquet, dois médicos enviados como eu para reserva e que se tornarão meus amigos.

Constituímos a reserva médica e não temos atribuições fixas. Passamos pela chamada apenas uma vez por dia, à noite, quando os *Kommandos* voltam; de manhã, nos deixam tranquilos. O campo comporta uma dupla fileira de barracões ao longo de cerca de seiscentos metros. Separados por uma estrada bastante larga que, dependendo do tempo que faz, é coberta de lama ou de poeira. Os barracões desse campo tão vasto contêm uma dezena de milhares de deportados. O nosso é o penúltimo da fileira da direita, o último é o barracão de banheiros compartilhados (não há banheiros nos Blocos). Na frente dos banheiros fica a enfermaria, com a qual temos poucas relações, pois possui seus próprios médicos.

O limite do campo é formado por uma dupla fileira de arames farpados eletrificados que o separa das plataformas de chegada dos comboios de deportados. Os trens entram de ré sobre os trilhos, passando debaixo de uma cúpula que comporta as salas dos SS, tristemente célebre pela difusão de sua imagem no mundo inteiro. À minha direita, tenho vista para o campo dos crematórios e assistimos como testemunhas privilegiadas à chegada dos transportes e à partida de longas filas que vão a pé do aterro até os fornos crematórios, destino da maioria dos que chegam, depois de selecionados na plataforma que percorre o aterro. Atrás do nosso barracão, outros arames farpados nos separam do campo cigano, do lado oposto há uma estradinha que segue pelos fundos dos barracões e separa o campo de trabalho do campo das mulheres.

Rapidamente, faço amizade com Henri Hirsch, mais jovem que eu, mente refinada em relação aos gostos literários, graças a ele o tempo passa mais rápido: durante as intermináveis chamadas, ele me recita em voz baixa e sem errar passagens inteiras de *Les Silences du Colonel Bramble*,[17] de André Maurois, e conversamos longamente em voz baixa.

O campo dos ciganos fica bem atrás do nosso Bloco e posso observá-lo à vontade. É muito curioso: no espaço atrás do barracão simétrico ao nosso, todas as manhãs, uma moça ensina crianças dos dois sexos. Tenho a lembrança de um dos meninos, com idade entre sete ou oito anos, que dança fazendo contorções circenses, mostrando um talento que parece descender diretamente de seus ancestrais malabaristas.

Poucos dias antes da minha chegada ao campo de trabalho, encontro Pach. Ele me abraça com alegria em um grande impulso de amizade. Apesar de suas promessas, tinha me abandonado durante vários meses; mas aqui cada um está preocupado com seu próprio destino e não fico aborrecido com ele, estou contente de tê-lo encontrado. Imediatamente, Pach me leva até o barracão de reserva de roupas, apresentando-se como mestre, e faz com que me deem um boné e uma jaqueta novos, presentes

---

17 Primeiro romance do escritor francês Emile Salomon Wilhelm Herzog (1885--1967), sob o pseudônimo de André Maurois, publicado em 1917, ambientado na Primeira Guerra Mundial. [N.T.]

inestimáveis, pois, aqui mais do que em qualquer outro lugar, o hábito faz o monge e possuir roupas decentes já é em si um tipo de promoção social.

Temos apenas ocupações esporádicas: nossas funções são exercidas nas horas em que os trabalhadores estão descansando, à noite, depois da chamada, e aos domingos; nosso trabalho consiste em controlar os piolhos. Vamos para os barracões durante a refeição da noite; os homens devem deixar seus leitos ou interromper a refeição para ficar alinhados sem camisa ao lado de seus beliches. Desfilamos ao longo da fila e inspecionamos cuidadosamente as camisas que nos estendem. É necessário virar as mangas, analisar com atenção as dobras e costuras na busca por piolhos e lêndeas. As roupas que contêm piolhos são enviadas para a desinfecção e seus proprietários severamente sancionados, mas com frequência, discretamente, nós lhes assinalamos a presença de parasitas para evitar problemas. Aos domingos, de dia e entre os barracões, a mesma operação acontece no lado de fora. Frequentemente, sento-me, desafiando o perigo, pois não tenho a força para permanecer em pé.

Os banheiros situados perto dos arames farpados ficam em um prédio parecido ao nosso. Uma construção de cimento perfurada de buracos igualmente distanciados, sem separação, percorre toda a extensão do barracão. É uma espécie de lugar de repouso e de encontro, onde alguns vêm trocar ideias, onde "chefes" ou deportados com seus maços fumam um cigarro; outros, ausentando-se ilegalmente do trabalho, tentam se camuflar, já que os controles são menos frequentes aqui do que ao redor dos barracões.

Durante minhas horas de liberdade, muitas vezes vou aos Blocos vizinhos à procura de um difícil suplemento alimentar; estamos, mais do que nunca, malnutridos, é a época das sopas de rutabaga, de água morna com algumas folhas flutuantes.

Algumas vezes, visito o Bloco do "Canadá", que é o *Kommando* encarregado de receber os recém-chegados. Bem nutridos e fortes, estes homens penetram nos vagões assim que os trens param, fazem todo mundo descer rapidamente, homens, mulheres e crianças, frequentemente com brutalidade, depois esvaziam os vagões, deixando as bagagens que amontoam visando uma posterior triagem; tudo isso acontece sob a vigilância dos SS.

Enganados ao saírem de suas casas por promessas de uma vida de trabalhadores, as pessoas trouxeram o que tinham de mais precioso e de mais necessário para a vida. É por isso que ao lado de alimentos em grande quantidade há um pouco de tudo: roupas, carrinhos de criança, colchões, numerosas malas cheias de artigos pessoais e, muitas vezes, ouro, joias, variados instrumentos musicais, ferramentas pessoais de todo tipo, médicas, por exemplo.

Os homens do "Canadá" rapidamente roubam uma parte dessas mercadorias destinadas a serem confiscadas em proveito dos alemães, o que lhes permite viver confortavelmente e praticar escambo em grande escala, mesmo com os SS e civis, por meio de organizações que alcançam o mundo exterior.

Uma vez, envolvi-me diretamente no tráfico entre o aterro da chegada e o campo de trabalho: um dos homens do "Canadá", que me conhecia, pediu-me para buscar provisões que um cúmplice jogaria pelos arames farpados. Tudo aconteceu sem problemas e recolhi um pequeno pedaço de presunto e várias latas de conserva. Escondo tudo debaixo do meu casaco e fujo correndo em direção ao meu barracão. O garoto que havia me encarregado dessa interceptação quis que lhe entregasse a totalidade, mas tinha conseguido cortar um pedaço de presunto e guardar uma pequena lata de conserva; de noite, de baixo da minha coberta, como essas provisões inesperadas.

A alegria reina no barracão desses privilegiados. Em torno deles, há uma verdadeira corte de cantores, músicos, mágicos que, divertindo-os, chegam a obter um pouco de comida. Foi ali que encontrei o jovem holandês que havia cantado no Bloco quatro. Ele tinha conseguido sobreviver graças à sua bela voz e agora divertia os homens do "Canadá".

Minha ferida no pé não melhora, manco e minha perna fica inchada. Às vezes, para que me façam um curativo, vou à enfermaria do campo, a que é limpa e bem cuidada e cujos médicos são bem-vestidos e nutridos graças às doações de seus doentes.

O verão avança lentamente enquanto levo uma vida mais ou menos regular, sem grandes surpresas e sem ocupações importantes. Logo as chuvas da primavera cedem a dias tórridos, mas as noites ainda são frescas. Na estrada do campo, nuvens de poeira agora se levantam com a passagem dos homens e das charretes que eles puxam com os braços. Às vezes, assistimos de longe ao desfile do *Kommando* de mulheres que vão ao trabalho ou voltam de lá pela estrada que separa seu campo do nosso. É a primeira vez que vejo nossas companheiras de miséria e meu coração aperta vendo essas sombras com os cabelos raspados, as bochechas ocas, vestindo trapos. Elas se apressam na direção de seus lugares de trabalho sob vaias e espancamentos dos vigias.

No barracão que está diante do nosso, há crianças com idade entre seis e 14 anos; às vezes, atuo ali na função de enfermeiro. Essas pobres crianças arrancadas de seus pais têm a sorte de ainda estarem vivas por serem gêmeas. A sobrevida delas é devido a uma tara do médico SS Mengele que se dedica a pseudoexperiências de genética.

Durante vários dias, permaneço ali fazendo o serviço de limpeza das tinas com meu amigo Riquet; isso consiste em transportar apressadamente recipientes cilíndricos de grande tamanho que contêm excrementos para esvaziá-los no barracão dos banheiros. Constantemente, as tinas transbordam e seu conteúdo escorre em nossos dedos. As alças machucam meus dedos, frágeis desde o carregamento de tijolos. Essas crianças inocentes arrancadas brutalmente do banco de suas escolas buscam em nós apoio e temos dificuldade em dissimular o horror profundo e a raiva impotente que esse espetáculo desperta em nós.

Um dia, da porta de nosso Bloco, assisto a uma seleção no campo das mulheres; durante as seleções, é proibido circular no campo e somos vários a olhar da entrada do barracão. Essas pobres mulheres esqueléticas e completamente nuas formam um semicírculo no aterro do Bloco e devem passar correndo diante do médico SS que as avalia como gado. É uma cena alucinante de crueldade, me parece ainda pior que as vendas no tempo da escravidão dos negros, pois eles não eram descaradamente condenados à morte.

As mulheres fazem trágicos esforços para passar uma impressão de vigor, na esperança de escaparem da condenação; uma delas se refugiou no teto do barracão e gira em torno da chaminé como um animal medroso, tentando se dissimular aos olhares dos carrascos. Já que pode ser vista de todo lugar, exceto da vizinhança imediata de seu próprio barracão, seus vãos esforços para se esconder são tragicamente grotescos e provocam os risos de vários desses homens endurecidos pela familiaridade com a morte, a dos outros e a própria. É um espetáculo insuportável.

A partir do mês de junho, as chegadas ao aterro da via férrea se tornam cada vez mais frequentes. Birkenau se tornou uma verdadeira usina de extermínio, agora a única, em razão do avanço do exército russo. Diariamente, de quinze a vinte trens, sucedendo-se sem trégua, trazem seus carregamentos humanos e os que chegam são imediatamente encaminhados para as câmaras de gás. Durante estes dias de verão de 1944, cerca de trinta e cinco mil pessoas – mulheres, crianças, idosos, adultos válidos – são assassinadas e queimadas quotidianamente, sem discernimento, sem seleção.

As chaminés dos três crematórios exalam um odor pestilento em todo o conjunto do campo, sua fumaça gordurosa e pesada paira em nuvens baixas em uma grande extensão, bem além do território dos campos.

Muito rapidamente os crematórios não são mais suficientes e os SS ordenam que imensas covas sejam cavadas onde mandam empilhar, em alternância, camadas de cadáveres e fiadas de madeira. O conjunto é regado com petróleo, um sistema de calhas permite a captação da gordura humana liberada pelo calor da combustão que é reempregada para reavivar o fogo. Do nosso campo, vemos a fumaça estagnada rente às covas como nos incêndios de pastagens. O odor é obsessivo, um cheiro de chifre queimado nos lembra a todo instante a horrível realidade.

Por causa da rápida ofensiva dos russos, os alemães evacuam os últimos guetos da Polônia e os rumores sobre esse avanço chegam até nós com o exagero habitual do burburinho do campo. Muitas vezes, circulam boatos de que os russos ocuparam a Cracóvia, a uns sessenta quilômetros dos campos, mas esses ruídos são – infelizmente – sempre desmentidos.

Nada acontece a não ser esses rumores incontrolados sobre o avanço russo. Apenas uma vez tivemos a alegria de uma manifestação direta da aviação aliada: o bombardeio da cidade de Auschwitz, a apenas alguns quilômetros do campo. Bem alto no céu, vemos os rastros de fumaça dos aviões e quando todos os alemães desaparecem para se abrigar, do portão gritamos de alegria ao mesmo tempo que as explosões ressoam e sacodem os barracões em suas fundações; suscitadas por esse bombardeio isolado, nossas esperanças são prematuras e ficamos decepcionados ao constatar que tudo continua como antes.

Salvo a possibilidade de comer satisfatoriamente, algo reservado aos privilegiados, dos quais não faço parte, o campo nos oferece outras surpresas; foi assim que um volume de peças de Shakespeare chegou até mim por caminhos misteriosos; leio Hamlet e Macbeth com fervor, num total isolamento de pensamento.

Tenho notícias de Pach no dia em que ele vem me convidar para seu Bloco com outros camaradas médicos. Ele é médico-chefe do *Sonderkommando*. Esse "seu lar" é muito particular: é um grupo muito especial, sobre o qual os alemães deixam pairar o maior mistério, mesmo no interior do campo. São os homens que auxiliam os SS em seus trabalhos de assassinato coletivo, são eles que tiram as roupas das vítimas, que as conduzem às falsas duchas que são, na verdade, câmaras de gás e que em seguida descartam os cadáveres rumo aos crematórios e fossas. Essas ocupações atrozes ressoam profundamente na mente destes homens.

Estritamente isolados do resto do campo, ocupam um conjunto de dois barracões separados por um pátio interior, cercado por paliçadas com vários metros de altura e arame farpado. Ao redor de todo esse conjunto há inscrições nas paliçadas que dizem: "Proibido se aproximar", "Proibido parar", "Perigo de morte!".

A troca de turno desse *Kommando* acontece na madrugada, constituindo um enclave totalmente isolado e ignorado pelo resto do campo. Pelo menos na teoria, ele não deve ter nenhum contato com o exterior. Na realidade, é o próprio Pach que me introduz nesse lugar proibido e é ao lado dele que passo pela primeira vez o limiar do *Sonder*.

Pach nos conduz a um cômodo isolado por tábuas no fundo de um dos barracões, o que desperta a minha surpresa logo que entro: trata-se de um verdadeiro consultório médico instalado aceitavelmente e até mesmo luxuosamente, provido de curativos, remédios e instrumentos; os móveis, mesas, vitrine, todos fabricados no local, são laqueados de branco. Uma limpeza impecável reina aqui.

A maior parte dos objetos, instrumentos e medicamentos são provenientes dos transportes; dentre os deportados, numerosos médicos quiseram trazer seus instrumentos, pois no momento da partida lhes fizeram acreditar que viveriam em um país desconhecido, mas que, apesar disso, continuariam a exercer suas profissões normalmente.

Durante essa reunião com Pach, todos esperamos algo diferente do que nos é oferecido; ele nos relata seu começo no campo, seus sofrimentos, quando o extermínio não tinha tomado o caráter impessoal e ainda se matava as pessoas a golpes de cassetete, circunstância pela qual ele havia perdido um olho. Confesso sem reticências que não estava nem aí para o falatório do meu amigo e que tinha vindo apenas na esperança de conseguir algum suplemento de comida; para todos nós a fome é a principal preocupação e domina todo o resto. Mas Pach continua falando, fala e nada mais; não sou o único a ter esse motivo oculto, e como se tivesse adivinhado, ele nos fala sobre comida. Interrompendo por instantes a sua narrativa, pergunta se preferimos uma xícara de chá ou uma torrada com manteiga, retendo-nos, assim, um pouco mais. Mas o tempo passa e, no final das contas, vamos embora sem que nos tenha oferecido nada.

No entanto, de alguma forma, essa primeira visita tem a vantagem de me dar acesso ao *Sonder*, adquiro o hábito de ir lá regularmente; o medo das represálias muito graves, por exemplo, o envio para o setor de punição, equivalente a um fim rápido por um excesso de trabalho e uma disciplina ferozes, é menos forte do que a busca frenética por um suplemento alimentar. Enfrento, com conhecimento de causa, o perigo na esperança de recolher sobras de sua abundância.

Assim, mal me escondendo, atravesso regularmente o portão do "*Kommando* especial", com o pretexto inicial de procurar Pach e, mais tarde, muito naturalmente, começo a ser conhecido pelos homens como um amigo dele.

Há comida em abundância e nunca saio de lá sem levar um pequeno suplemento; aliás, a comida varia de acordo com a origem dos que chegam e os *Sonder* a pegam nas bagagens de mão dos que vão para os crematórios.

É a época dos judeus poloneses. Eles trazem sobretudo pão, cebola e óleo de canola; pego um pouco em cada visita. Durante minhas incursões, tenho contato próximo com os homens do *Kommando* especial e descubro detalhes sobre eles. No início, foram designados aleatoriamente, sem saber o que os aguardava. A convivência constante com a morte e o testemunho direto dos assassinatos massivos têm uma profunda repercussão em seus psiquismos. Durante suas horas de repouso, ficam completamente amorfos, esparramados em suas camas, insensíveis a tudo. Não falam nem entre eles; parecem viver em outro mundo, um mundo bizarro, à margem da vida. Têm a certeza absoluta de uma morte violenta; mesmo em caso de uma brusca mudança da situação militar, seriam os primeiros a serem liquidados e sabem disso; no mais, os *Sonderkommandos* são com frequência inteiramente renovados e quem cessa suas funções é morto para que o segredo fique bem guardado, as sobrevivências deles forneceriam testemunhos comprometedores demais contra os SS. No entanto, cometem um erro grosseiro de cálculo, pois existem fugas apesar da aparente impermeabilidade do sistema.

Assim, ao frequentá-los, fico sabendo de muitos episódios da vida deste *Kommando*. Entre esses homens, há um que é muito gentil comigo e sempre me dá um suplemento de comida. Ele me conta sua história: de força hercúlea, foi designado pelos SS às funções de carrasco da Cracóvia. A cada execução, é levado para a cidade vestido de soldado, depois o fazem vestir uma roupa branca e colocar luvas brancas; é assim que ele procede nos enforcamentos em praça pública. Durante as bebedeiras dos soldados SS, das quais ele participa vestido de soldado alemão, pode ter a ilusão de ser um entre eles e quase esquecer sua condição, mas pouco tempo depois volta a ser o escravo, o pária desprezado, a quem é incumbido um trabalho atroz.

Ao longo dos meus passeios nos Blocos do *Sonder*, conheci outros episódios, assim como a atmosfera que reina em torno dos crematórios; se o conjunto das operações de assassinato em massa é inconcebível para uma mente normalmente constituída, mesmo – e sobretudo – que tenha vivido em contato direto com essas práticas, certos episódios projetam uma luz particularmente cruel sobre elas, assim como sobre o estado mental dos carrascos e das vítimas. Os casos de rebelião eram excepcionais, tanto nas proximidades dos crematórios quanto na própria câmara de gás. No entanto, conhecíamos alguns exemplos, como a história de uma moça de nacionalidade americana que chegou na Alemanha antes da guerra e tinha acabado em Auschwitz sem saber o que estava acontecendo, só se deu conta quando já estava na câmara de gás; lá ela se deparou com um oficial SS que tinha se aventurado no interior da câmara; o marido dela, que estava ao seu lado, bateu no SS e derrubou sua arma, a moça pegou o revólver e matou o alemão à queima-roupa. Os próprios homens do *Sonder* a desarmaram e assim terminou essa tentativa de revolta.

Salvo esse exemplo, o psiquismo das vítimas é particularmente surpreendente: não reportam nenhum movimento de pânico ou de rebelião, pelo menos não manifestados ruidosamente.

Pode-se citar, por exemplo, o setor de prisioneiros russos que permaneceu em formação impecável e marchando até o interior da câmara de gás mesmo sabendo o que lhes esperava!

Outros episódios mostram a crueldade monstruosa dos carrascos: uma moça francesa, segurando seus dois filhos pelas mãos, foi obrigada a avançar até a beira da horrível fossa. Depois de ter matado seus filhos com coronhadas de revolver, o infame Moll ordenou-lhe abrir a boca e fechar os olhos "para receber uma drágea" e atirou-lhe uma bala na boca, liberando-a de seu calvário; até o último instante os homens do *Sonder* a ouviram repetir: "Por que devo morrer tão jovem? Não fiz nada para ninguém!". Houve também o caso de duas jovens que fugiram completamente nuas da câmara de gás, foram espancadas a golpes de cassetete e colocadas de volta, desmaiadas, junto aos demais.

Um médico grego, que conheci na reserva e que tinha feito parte da orquestra do campo de concentração, me contou que um dia enquanto tocava com a orquestra na entrada do campo, um caminhão cheio de mulheres passou em direção aos crematórios e sua própria filha gritou-lhe adeus e chorando disse: "Não estou parecendo com Maria Antonieta a caminho do cadafalso?"

Foi o próprio Pach que me contou que uma comissão de controle tinha sido aceita pelos alemães depois de negociações secretas com os aliados, comovidos por boatos persistentes sobre as atrocidades nos campos de deportação. Essa comissão, composta sobretudo por holandeses, visitou o campo sob a condução dos SS, terminando a visita nas "duchas" – que eram as câmara de gás – e não saindo nunca mais. Os SS tinham encontrado esse método rápido para fazer desaparecer as testemunhas inconvenientes!

Citava-se também o salvamento de uma moça por quem um SS ficou totalmente apaixonado e que no último instante conseguiu tirá-la da câmara de gás. Ninguém pode se emocionar diante desse episódio isolado, no entanto, constatamos que isso também era possível.

Em um "transporte" grego recente, compreendendo um grande número de intelectuais, muitos foram jogados imediatamente no *Sonderkommando*. Esses homens não puderam suportar sua condição: vários se suicidaram e falava-se sobre um que havia voluntariamente se jogado nas chamas; dois outros tentaram e conseguiram uma fuga espetacular: escoltados por um sentinela e um motorista alemães, tinham que transportar em caminhão cinzas e restos de ossos vindos das fossas em direção ao rio Vístula, a alguns quilômetros de distância. Uma vez no local e sozinhos com os guardas, combinaram de abatê-los ao mesmo tempo com a ajuda de suas pás, atravessaram o rio a nado e desapareceram. Segundo os boatos do campo, teriam conseguido reunir-se com resistentes comunistas poloneses das florestas dos arredores, mas essa informação não podia ser verificada.

Conheci dois outros médicos que tinham sido designados para o *Sonder* e alojados no mesmo local dos crematórios, um belga e outro francês. Cansados de suportar o horror de sua condição e as atrocidades às quais assistiam diariamente, decidiram se suicidar juntos. Tomaram veneno e foram transferidos para o campo-hospital; o belga morreu, mas o francês sobreviveu graças ao alvoroço geral devido à reviravolta que acontecia no fronte russo. Deixou Birkenau em um "transporte", foi esquecido e salvo. Fez um relato testemunhal de destaque no julgamento de Nuremberg. As tentativas de fuga desesperadas excepcionalmente davam certo e as poucas tentativas conhecidas eram pagas com tortura e enforcamentos públicos de nossos infelizes camaradas.

Eu vivia praticamente apenas em função de minhas visitas aos barracões do *Sonder*, o que me permitia conseguir em cada uma delas um suplemento de comida. Mas um dia minha visita deu errado: tinha ido à enfermaria de Pach, cujos fundos davam para uma estradinha entre dois campos que ia diretamente do aterro de chegada aos crematórios e que podia ver através das frestas das tábuas mal-unidas da enfermaria. Nesse dia, estava espiando para me certificar de onde vinha um confuso burburinho e um som de passos, quando vi passar um grupo de moças e jovens de aparência altiva, todos muito bonitos, vestidos com roupas leves de cidade, conversavam e riam, indiferentes, ignorando o destino que os aguardava.

Para mim, eles eram o trágico símbolo dos sacrifícios humanos de todos os tempos. Sabia que, ao deixarem o comboio, encaminhavam-se diretamente para a câmara de gás. Chocado com o que acabara de ver, saí correndo do barracão do *Sonder* e a contornei para tentar falar com esses jovens, soube mais tarde que vinham do Chipre. Quando me dei conta do erro que tinha cometido, era tarde demais. Estava cercado por cinco ou seis jovens atléticos, vigorosos, enormes, bem mais altos do que eu: vestidos com jaquetas ajustadas de corte militar e quepe, suas roupas eram todas de tecido preto, me deram a impressão de anjos da morte. Sem dizer nada, começaram a me bater com socos e chutes, a me jogar como uma bola de um para o outro e, visivelmente, tinham prazer nesse jogo. Em seguida, me fizeram entender, por insultos e xingamentos, que me levariam diretamente ao setor de punição.

Tive a sorte de poder pronunciar a palavra *Aerztekommando* (reserva de médicos); então, me levaram ao Bloco de reserva depois de um último pontapé. Esses gigantes eram do corpo de bombeiros do campo e agiam também como policiais. Depois desse alerta, fiquei desconfiado, mas não renunciei às minhas visitas ao *Sonder*.

Pouco tempo depois, outro acontecimento me fez abandonar definitivamente minhas incursões solitárias no *Sonderkommando*. Durante uma de minhas visitas habituais, tinha encontrado um clima insólito de sussurros e nervosismo. Falava-se sobre *Blocksperre* (fechamento do barracão) e fechamento do campo; eu sabia o que isso preludiava, mas ignorava que era algo iminente e demorei mais do que de costume para entender a situação. De repente, alguém veio confirmar o fechamento imediato. Espantado, corri em direção à porta, a *Sperre* estava efetivada e ninguém podia mais deixar os dois barracões geminados... Não tinha mais escolha! Com a aparência mais natural possível, atravessei a porta que dava para a estrada do campo; à esquerda da porta havia uma mesa e uma cadeira, um SS sentado com a lista de todo o *Kommando* especial diante dele.

Acho que nunca tive tanto medo, mas virei à direita e comecei a caminhar lentamente, quis aparentar um ritmo natural; sem me virar e me segurando para não correr, eu me afastava a passos calmos e um pouco mancos, esperando a cada instante ser chamado de volta, preso com o *Sonder*, o que teria significado compartilhar o destino desses homens: ser executado. Nada disso aconteceu, dei uma volta e retornei ao meu barracão.

Nunca mais fui ao *Sonder*, aliás, os homens que havia conhecido foram para o gás e logo substituídos por novos, como acontecia periodicamente. O próprio Pach não era mais médico desse *Kommando* especial: graças às suas relações com os SS, tinha obtido o favor de ser designado ao nosso *Kommando* de reserva e, desta forma, escapar – provisoriamente – da morte.

Mais do que nunca, é necessário passar desapercebido: a ofensiva russa tornou os SS raivosos e os poderosos detentos (chefes de Bloco, *Kapos* e outros dignitários) estão muito irritados. Não é aconselhável ficar cara a cara com um deles durante as horas de trabalho, eles circulam nos campos armados com cassetetes, à procura de vítimas.

Um dia assisto a uma cena selvagem: na estrada do campo, um *Kapo* encontra dois de seus homens, dois rapazes bastante magros e vai para cima deles sem dar uma palavra e escuto os golpes secos de seu bastão nas cabeças e nos ombros. Um deles consegue escapar, mas o outro tenta, em vão, se proteger com os braços. Em seguida, seus gestos ficam desengonçados, suas pernas enfraquecem e ele cai no chão, onde fica inconsciente.

Uma outra vez, em companhia de outros camaradas, no final da manhã, voltava do barracão de ablução e tivemos a má sorte de encontrar um SS responsável pelo campo exterior. Ele nos reuniu para nos encarregar do trabalho, mas ao passar em frente ao meu barracão, consegui me esquivar.

Mesmo nos Blocos, os dirigentes voltaram a bater. Quando os contratempos dos alemães começaram, tínhamos sentido que os abusos haviam diminuído notavelmente. No começo da deportação, houve numerosas vítimas de cajadadas ou estrangulamento, mortas pelos cachorros; em seguida, durante um longo período, as agressões corporais tinham se tornado raras nos campos de trabalho e a matança tomava a forma de uma loucura organizada, racionalizada; agora, os SS estavam em alerta, a derrota alemã era apenas uma questão de tempo e até mesmo os mais convencidos dentre eles se davam conta disto; então, um tipo de raiva do desespero os dominou, não podiam admitir que suas presas lhe escapassem, que estes teoricamente condenados voltassem a ter esperança e, até mesmo, triunfar escondidos!

Uma vez, assisti a uma sessão de "esporte", algo que não tinha visto desde Drancy, só que infinitamente mais selvagem: um ajudante enfermeiro SS recolhe cerca de vinte homens que fugiram do trabalho; tudo começa como um exercício militar: deitados, em pé, em marcha... Pareceria um jogo se não degenerasse pouco a pouco; a cadência se acelera, os rostos empalidecem, cobrem-se de suor, as bochechas afundam, sombras sublinham as pálpebras, golpes começam a atingi-los, no início, esporadicamente em alguns retardatários que retomam rapidamente o grupo; o esforço enrijece visivelmente os rostos. O ritmo se torna mais rápido, as primeiras falhas são seguidas de numerosas outras; as cacetadas são cada vez mais frequentes; não se ouve uma queixa sequer, apenas o raspar dos calçados, os barulhos da caminhada, o som dos espancamentos e os gritos de comando do "enfermeiro" SS; ele fica atrás da coluna e assim que um homem deixa a fila ou demora para levantar, bate seu bastão sobre ele até que volte ao seu lugar. Tem-se a impressão de que esses homens estão no limite de suas forças, mas a sessão ainda continua, o grupo gira na poeira de uma manhã de verão ensolarada. Isso só para depois de duas horas. Ficaram no chão, meio mortos pelo esforço e pelas pancadas. Aqueles que conseguiram aguentar até o fim retornam aos seus barracões, exaustos e curvados.

A cadência dos comboios ainda se acelera; todos os campos e guetos poloneses foram esvaziados diante da ofensiva russa e os deportados vindos desses lugares foram "liquidados" em Auschwitz II - Birkenau. Agora é a vez dos húngaros. Não há mais seleção na chegada. Os alemães estão com pressa. Todos que chegam vão para a câmara de gás.

Há também remanejamentos no interior dos campos. Em uma noite, sou acordado por barulhos vindos do campo vizinho, o dos ciganos. Um grupo de camaradas do meu Bloco olha pelas frestas das tábuas do fundo do barracão. Ouvem-se gritos inumanos de mulheres e crianças cobertos em parte pelo ronco dos motores de caminhões que os condutores aceleram propositalmente. Vemos sombras passarem pelas luzes dos faróis dos caminhões. Os gritos dos sentinelas, os apitos, berros e barulhos de motor durarão uma boa parte da noite.

Na manhã seguinte, o campo cigano está vazio. Não há mais barulho algum, os barracões estão abertos e vazios, ninguém mais nesse campo cheio de vida na véspera. Todo o campo cigano foi exterminado em uma noite. Revejo aquelas pobres crianças vestidas com trapos que cantavam e dançavam, sem preocupação, a alguns metros de onde contemplo esse desastre, esse crime contra a vida!

Logo o campo vizinho estará repleto novamente, desta vez, com deportados tchecos que gozam de um status especial; estão do jeito que deixaram o gueto de Theresienstadt, perto de Praga, e nos parece muito curioso ver casais com crianças passarem com roupas civis; os homens permaneceram com seus cabelos, muitos usam barba e as mulheres têm cabelos compridos. Se não fossem os arames farpados e os barracões, poderíamos crer que são pessoas comuns, uma sociedade organizada em uma existência normal. No entanto, esta impressão de privilégio é enganosa: ao cabo de alguns dias, é a vez deste campo se esvaziar novamente em uma só noite em direção às câmaras de gás e crematórios.

A progressão da ofensiva aliada em dois frontes, cujos ecos chegam até nós, suscita grandes esperanças. As tentativas de fuga se multiplicam e a repressão é feroz. Um dia, três antigos "dignitários" do campo são pegos durante uma tentativa. Apenas os homens poderosos podiam ser tentados pela evasão, somente eles estavam em condições físicas satisfatórias e tinham influência no lado de fora, o que lhes permitia ter roupas civis e acumular provisões.

A punição foi terrível: ficaram vinte e quatro horas expostos no portão do campo com uma grande pedra equilibrada sobre a cabeça. No dia seguinte, foram colocados em pé em uma carroça puxada por outros prisioneiros para passear presos e enfeitados com uma placa em torno do pescoço que trazia as inscrições "Eu sou um fugitivo", sob as vaias e zombarias dos SS. De noite, todo o campo foi reunido em torno de três forcas para assistir ao enforcamento público.

A atmosfera no campo é angustiante. Todos os dias transportes partem em direção a um destino desconhecido e ficamos aterrorizados esperando nossa vez. Barulhos persistentes indicam que os transportes se dirigem aos crematórios de um campo vizinho. Diante da aproximação da ofensiva russa, os alemães começam a esvaziar Auschwitz. Todo transporte é precedido de uma seleção extremamente severa. São transportados apenas os homens que representam ainda um "capital-trabalho" suscetível de ser explorado. Todos os outros, doentes, enfermos ou sujeitos muito magros, chamados "muçulmanos" no jargão dos campos, são enviados para a câmara de gás.

Os alertas de obrigações se tornam cada vez mais frequentes em nossa reserva de médicos. Durante muito tempo consegui escapar delas por causa do meu pé enfermo, mas trata-se de uma faca de dois gumes e nosso chefe de Bloco, um elegante e culto polonês, vigia meu comportamento aparentando ser muito solícito comigo. Ele encontrará uma ocasião para me sacrificar e se, por um novo milagre, eu escapar, não será graças a ele. Bem antes de me encontrar em uma situação crítica, um novo episódio me marcará profundamente.

Flagrante delito de assassinato

Exceto por alguns incidentes, havia alguns meses em que eu vivia numa espécie de torpor benéfico. Minha situação no Bloco estava estável ou assim parecia. Eu era o manco da reserva dos médicos, singular e inofensivo. Quando percorria a alameda central do campo, frequentemente calçado com um sapato à esquerda e uma pantufa à direita, sentia uma nuança de respeito pelo médico, uma pitada de desprezo sorridente pelo enfermo. Minhas roupas decentes – graças a Pach – me poupavam das pancadas.

Naquela época, não podia ignorar o que estava acontecendo ao meu redor, mas saturado pelas atrocidades, evitava cuidadosamente de deixar corroer a minha carapaça, me contentando em gravar os eventos e contar os dias, inscrever um dia de sobrevivência a cada noite, ainda acreditando mais firme do que nunca na impossibilidade de ser salvo.

Nesse dia de setembro de 1944, acordo com uma certa apreensão, rapidamente justificada: o chefe do Bloco nos reúne e faz um breve discurso sobre o imenso esforço de guerra da Alemanha, ressaltando a obrigação de todos em contribuir, até mesmo aqueles preguiçosos da reserva médica que só querem se livrar do dever comum e outras palavras no mesmo tom, com pitadas de ameaças.

Depois de ter levado o tempo de juntar alguns homens que estavam entre os barracões e o banheiro, os superiores encaminham todo o grupo rumo à entrada do campo de trabalho; tento me livrar dessa tarefa, minha perna constitui uma deficiência séria que seria melhor dissimular, mas estamos bem vigiados e dessa vez não consigo escapar. Ficarei sabendo depois da minha volta que o chefe de Bloco tentou me poupar dessa tarefa, mas não conseguiu.

Na entrada do campo, o sargento de plantão nos entrega a dois guardas SS e partimos a pé na estrada empoeirada que ladeia uma série de campos à direita do nosso. Passamos assim por vários campos de uma uniformidade notável: os mesmos canteiros de flores, o mesmo tanque cheio de água perto do portão (quantos afogamentos foram cometidos nesses tanques!), a mesma torre de água de tijolos vermelhos, as mesmas fileiras paralelas de barracões perpendiculares à estrada que seguimos e separadas por uma alameda central.

Esse conjunto todo parece uma monstruosa estação de trem como pode surgir às vezes em um pesadelo, um tipo de "estação terminal", e essa comparação se impôs a mim de modo obsessivo durante minha estada toda na imensa fábrica concentracionária.

Algumas alusões irônicas a um *"Sonderkommando* auxiliar", feitas por nossos sentinelas, nos deixam vislumbrar nosso destino. Todo detento em deslocamento ignora para onde vai e só depois de uma longa experiência de apreciação das nuanças, consegue adivinhar se é uma tarefa, um transporte definitivo, frequentemente à longa distância, ou uma viagem sem retorno.

Os fornos crematórios não estão longe; conheço bem as silhuetas deles desde minha permanência no campo-hospital e na estação de desinfecção chamada *"Saouna"*, localizada logo atrás deles, mas até então eu nunca tinha ultrapassado a entrada do pátio que os antecede. Fazemos uma parada no lugar, onde dois crematórios se erguem de cada lado de uma pequena estrada que atravessa um bosque de bétulas descarnadas e escurecidas pela fumaça (o nome Birkenau vem de *Birke*, bétula). Sentamo-nos em cima do talude e esperamos o que vem pela frente. Nossos sentinelas nos observam com olhar distraído, não somos perigosos.

Não esperamos muito. Um caminhão entra no pátio do crematório mais próximo e nossos guardas nos mandam subir na plataforma. O pátio, grosseiramente quadrado, possui em dois de seus lados uma cerca viva de arbustos, muito alta e impermeável ao olhar. A parte dessa vegetação que dá de frente para o crematório está coberta de diversos tapetes de cores murchas. O quarto lado do quadrado se abre sem demarcação para o bosque de bétulas, oferecendo assim uma ilusão de liberdade; na verdade, a longa cadeia externa de miradouros não está longe, apenas ocultada pelo bosque. À nossa esquerda, uma abertura através das árvores contorna o crematório e chega atrás dele. Um odor pungente, sufocante, de carne que crepita, domina a paisagem. O céu está escurecido por uma fumaça espessa e preta que provém desse lado, do lugar onde os cadáveres em excedente queimam em imensas valas.

Passamos por uma brecha na cerca viva do próprio pátio do crematório; tenho todo o tempo de olhar ao meu redor, ninguém nos apressa. À direita da entrada, há uma placa com a inscrição: "Desfaçam-se de todos os objetos que carregam. Guardem suas roupas. Coloquem seus sapatos em pares para encontrá-los na saída. Vocês estão passando pelas duchas."

À direita do caminhão, há um imenso monte de objetos diversos: bolsas, carrinhos de todas as formas, cores e dimensões, mochilas, tecidos atados, cadeiras dobráveis, garrafas cheias de água ou de um óleo acastanhado, bonecas, bolas de criança, uma grande quantidade de pães redondos e achatados, cebolas amontoadas. Tudo isso misturado a utensílios de limpeza, panelas e recipientes diversos, toalhas, lenços, cestos furados, latas de conserva.

São bagagens de mão de um rebanho miserável vindo de outro campo ou de um gueto, transportado até aqui em uns quarenta vagões. Reconheço o pão e o óleo de canola que havia trazido nesses últimos dias do *Sonderkommando*. Sabia que comboios chegavam da Hungria num ritmo acelerado, três a quatro por dia, cada um contendo quatro mil pessoas, homens, mulheres, crianças. Dei-me conta de que um comboio acabara de ser massacrado e queimado.

Quando vi esse lugar, que conhecia pelos relatos detalhados de testemunhas diretas, um sombrio e trágico sentimento tomou conta de mim; nunca na minha vida esquecerei os profundos arrepios que me sacudiram, essa espécie de nevoeiro preto que escureceu minha vista; compreendi então que qualquer alegria futura estaria para sempre maculada.

Pode ser que eu tenha percebido esse sentimento só depois do início da cena de horror à qual assistimos da plataforma do caminhão. Olhamos uns para os outros e vi empalidecer esses detentos endurecidos que tínhamos nos tornado: gritos estridentes, contínuos e dolorosos de crianças chegavam até nós, mal abafados, vinham de trás da cerca viva coberta com tapetes velhos, tão próxima que dava para tocá-la. Esses gritos duraram muito tempo, ao menos um minuto, e foram abruptamente interrompidos por dois tiros, que se sucederam rapidamente e fizeram um pequeno barulho seco e sibilante.

Nos instantes seguinte, o silêncio foi completo, absoluto e dois detentos do *Sonder* vieram correndo de trás dos tapetes, parecendo sair da própria espessura da cerca viva. Carregavam, um pelas pernas, o outro pelos braços, o corpo de um menino de oito ou nove anos, com a cabeça e os membros pendurados, inertes. Fios de cabelo escuro circundavam um pequeno rosto pálido e um fino fio de sangue fluía ao longo da têmpora e da nuca, gotejando no chão.

Atrás deles, a poucos passos de distância, dois outros detentos em traje listrado carregavam uma menina magra e frágil de cabelos loiros e cacheados, cujo vestido lilás tinha deslizado e descobria as coxas. O sangue tinha manchado sua bochecha e escorria no chão, passando por seu pescoço. Sua cabeça saltava ao passo dos carregadores, mas a calma da morte já tinha marcado suas feições. Esses corpinhos de crianças martirizadas não temiam mais as chamas que os esperavam na imensa vala para a qual os portadores, em ritmo acelerado, os levavam.

Alguns instantes depois, um outro personagem sai de trás dos tapetes: é Moll, o carrasco; veste o uniforme verde dos SS, usa cinto e botas, está bem gordo. Ostenta um sorriso ambíguo que gostaríamos que fosse de constrangimento. Segura um tipo de fuzil com cano curto deixando escapar um fino fio de fumaça azulada.

Permaneço um bom tempo petrificado, sem ousar fazer um movimento sequer, uma imensa tristeza mesclada de revolta me invade; o sol brilhante dessa bela manhã de setembro me parece escurecido por uma grande nuvem preta ou será impressão minha por causa da minha retina exangue?

O caminhão se mexe, mas antes de chegar perto de nós, nossos sentinelas nos jogam alguns pães recuperados do amontoado; me perguntei se essa generosidade inesperada não era devido a algum desconforto mais ou menos consciente por conta da cena que havíamos testemunhado e da qual eram cúmplices.

Homens de corações generosos poderiam se surpreender com a atitude passiva do nosso grupo de médicos, composto de pessoas bem-informadas, cultas. Poderiam se perguntar: seria possível que ninguém tivesse esboçado um mínimo gesto de protesto ao ver esse massacre de crianças? O leitor deveria se esforçar em se deixar penetrar pela atmosfera de um campo de extermínio de massa: as reações psíquicas dos concentracionários são muito peculiares e difíceis de perceber; acabamos evitando rigorosamente exteriorizar nossos sentimentos em qualquer circunstância; o terror de todos os instantes é tal que reagimos como robôs. Obviamente, toda atitude diferente comporta um perigo mortal imediato, certo, indiscutível. Meu comportamento sempre foi consciente e pensado, mas já citei verdadeiros estados de torpor, nos quais homens corajosos se deixaram levar à câmara de gás sem esboçar o mínimo gesto de revolta ou até mesmo de medo!

A viagem de caminhão subsequente foi para mim um evento extraordinário e mais uma vez devemos lembrar que todos nós tínhamos certeza que não sairíamos vivos: não tínhamos visto uma plantação, uma árvore ou uma casa havia mais de um ano e estávamos atravessando, por uns dez quilômetros, terrenos pantanosos, onde vimos veados, patos selvagens e mulheres no meio de campos cultivados, e aquilo me remetia a algo querido e quase totalmente esquecido, riscado da minha consciência. Tive a impressão de andar rumo ao cadafalso atravessando um campo florido.

Chegamos a um lugar idílico que ficou gravado na minha memória como um quadro de Corot: um caminho de terra cercado por um bosque de bétulas de um lado, e do outro uma ferrovia; mais longe à esquerda havia uma pequena estação de trem elegante com um telhado de telhas vermelhas e canteiros de flores. Esse quadro cheio de charme reforçava a ilusão de liberdade havia muito tempo perdida.

Passamos o resto da manhã carregando o caminhão com galhos secos e evitando as agressões dos nossos guardas, distribuídas sem grande convicção, como encorajamento. Ao meio-dia, os guardas nos mandam sentar numa clareira para uma pausa muito longa, durante a qual comemos o pão trazido dos crematórios em grande quantidade, mas nada mais. Tudo isso tem um aspecto de piquenique macabro.

À tarde, os sentinelas afrouxam notavelmente a vigilância; o caminhão está completamente carregado, uma atmosfera de ócio totalmente inusitado paira no ar, mas é bom demais para durar. Um chefe do campo vizinho chega em pouco tempo – a Alta Silésia era cheia de campos – e nos chama à realidade novamente com um discurso sobre o esforço de guerra da Alemanha – parece que ele não sabe para quem está falando! – do qual ninguém pode escapar, que temos sorte por não estarmos na linha de frente na Rússia, que devemos nos mostrar dignos e que o engajamento de todos deve ser total.

Depois desse discurso me vejo em uma pradaria cheia de resíduos de palha, mas é impossível me lembrar o que fiz por lá; provavelmente tentava, como sempre, reduzir ao máximo meu esforço. Muito próximo a nós trabalha um grupo de mulheres russas deportadas. São gordinhas e limpas e respondem com coragem às piadas grosseiras dos guardas.

A noite se aproxima; o pneu do nosso caminhão furou e inicio uma conversa com o motorista SS sobre o melhor jeito de consertá-lo! Constato com surpresa que, longe de me repreender, ele me responde normalmente; assim acontece com frequência nas relações humanas, possíveis até nesse inferno. Depois do conserto, subimos penosamente em cima dos galhos que enchem o caminhão e efetuamos a viagem de volta em um equilíbrio instável.

Chegamos na frente do grande portão do campo de trabalho e, com muita pressa, deslizamos do nosso poleiro. Ainda falta um quilômetro correndo até o barracão numa estrada coberta de poeira, iridescente no pôr do sol.

Minha cabeça zumbe de cansaço, do sol e pelas múltiplas impressões desse dia repleto de acontecimentos. Sem contar as numerosas dificuldades que sofri por causa da minha perna doente, sobretudo para subir e descer do caminhão, me expondo toda vez a um risco de queda perigosa, mas finalmente volto sem entraves. Aquele dia permanece marcado para sempre como uma lápide: mesmo que eu tivesse ouvido vários testemunhos de assassinatos coletivos, era a primeira vez que acontecia sob meus olhos e fiquei profundamente transtornado.

Últimos dias em Birkenau

O campo inteiro continua a estremecer, alternando esperança e abatimento. Estamos todos impacientes, irritáveis, ora deprimidos, ora exultantes.

Meu amigo Riquet agora tem uma função oficial. Levanta todas as manhãs antes da saída dos *Kommandos* e vai ao Bloco "dele" na entrada do campo de trabalho onde foi nomeado médico e faz, humilde e conscientemente, sua medicina de pobre para os camaradas de miséria, sem murmúrio nem fraqueza, apesar de seu estado de saúde precário traduzido pela magreza e por grandes olhos no fundo das órbitas. Sem ter medicamentos, dia após dia, ele lhes leva a palavra do bom samaritano.

Ele está no Bloco dos músicos de uma trágica orquestra de mendigos que cobrem dia e noite com seus metais estridentes todo o sofrimento desmedido, na saída e na entrada dos *Kommandos* exteriores. Em alguns dias, eu o acompanho em seu trabalho matinal. Ele não escapa ao clima febril, mas reage à sua maneira, se fechando em si mesmo e falando apenas o necessário.

É apenas de manhã ao despertar que ele me confessa: "Eu estive lá novamente". Lá é seu lar, em sua casa, com os seus. Todas as noites ele volta para lá em sonho, todas as noites revive sua existência anterior, réplica fiel dos dias felizes de uma vida normal. Que despertar! Que queda atroz se encontrar aqui, nessa realidade que não tem nome. Dante não tinha imaginado o suplício infernal da lembrança involuntária, dessa volta noturna ao seu lar. Lamento por ele, pois meus sonhos estão em conformidade com o real, sonho com fugas, perseguições, medo, morte violenta e não me encontro desorientado ao despertar; para mim, é a continuidade do terror e, assim, é bem mais suportável.

Riquet é remanejado e outros camaradas também; continuo na reserva, sou o manco difícil de encaixar e este estado provisório não está isento de perigo. Assim, quando o chefe de Bloco pede voluntários para um trabalho noturno fácil, me deixa entender que estaria apto a este emprego e que dificilmente poderia cobrir minha ociosa presença no barracão, cedo e aceito.

Inicio uma atividade que durará por volta de três semanas, durante as quais gozarei de uma relativa calma, pois tenho uma ocupação real e estável durante algumas horas da noite e direito ao respeito do meu repouso durante o dia. Isto acontece em um clima curioso; depois de ter entrado em um barracão baixo, bem menor que os outros, encontro-me em uma entrada que dá para o quarto do *Kapo* e sou apreendido por um vapor espesso e quente devido a algum produto de desinfecção, cujo odor adocicado me é desconhecido. Em vários locais, um fraco brilho amarelo perfura esse nevoeiro. À direita da entrada, encontra-se um grande caldeirão cercado por uma construção de tijolos. Na mesma sala que lembra um banho de vapor onde a água escorre em todas as paredes há vários tanques com torneiras de água quente e fria.

Nos tanques estão mergulhadas roupas – dentre as quais dominam as ceroulas e as camisas – em uma água leitosa que libera esse estranho odor. Parece ser um produto destinado a repelir os piolhos, mas julgando pelos milhares desses parasitas que tive que combater, duvido de sua eficácia.

Meu trabalho consiste em pescar as roupas de um dos tanques, torcê-las e colocá-las em outro; faço como um robô, sem pensar, não tenho vontade de entender para que isso serve. Um camarada faz dupla comigo. Ninguém nos apressa, o ritmo geral do trabalho é lento.

O comando dessa lavanderia peculiar está nas mãos de um *Kapo* gordo, bastante jovial, também estranho. Seus principais cuidados vão para um jovem deportado alemão, demasiadamente bonito e vestido com uma elegância insólita, que chega ao uso excessivo de cosméticos no intuito de agradar o mestre, fenômeno bastante surpreendente por aqui.

A equipe constituída por poloneses é simpática e tem um comportamento neutro. Duas horas de trabalho em pé me cansam e logo desenvolvo o hábito de prontamente me instalar na beirada quente do caldeirão, onde durmo em paz até o final da sessão. Exceto a vez em que fui acordado por cosquinhas como forma de brincadeira, tornou-se um ritual que todos respeitam.

Voltamos na alvorada e com o campo deserto a esta hora matinal, tenho todo o lazer de contemplar, em devaneio, as cores de um nascer do sol cintilante. Volto ao meu Bloco com a certeza de não ser incomodado, pois o respeito ao descanso dos trabalhadores é uma regra quase geral. Aproveito para perambular e conversar com alguns camaradas isentos de trabalho. Obviamente, não se pode esperar conforto, muito menos comida, mas a fome não é mais um sofrimento agudo, é um estado e me acostumo muito bem a ele.

Durante esse tempo, a agitação aumenta no campo; segundo boatos, os russos estariam já há algum tempo na Cracóvia e esperamos o desencadeamento de uma nova ofensiva com grande impaciência e inquietude, sem acreditar realmente.

Alguns não se contentam em esperar passivamente e há outras tentativas de evasão. Uma das fugas massivas foi tentada durante a revolta combinada entre funcionários de dois crematórios incendiados por divertimento. Os membros do *Kommando* especial tentaram escapar em direção às florestas, mas não fiquei sabendo a quantidade de fugitivos bem-sucedidos nessa ocasião. No entanto, o incêndio dos crematórios avermelhou uma parte da madrugada e foi para nós o símbolo de uma mudança iminente pela qual clamávamos com todas as forças. Esse episódio heroico – infelizmente – não teve continuidade para nós e tudo permaneceu como antes.

Os efetivos mudam constantemente nos Blocos. No nosso, há apenas médicos e acima de mim há dois poloneses que às vezes me pedem conselhos e que, em forma de honorários, me dão fatias de um delicioso bolo feito com ovo que compartilho com Riquet. Esse tipo de evento tem uma enorme importância na vida do campo e minha estada é marcada por recordações que remetem à comida.

É nessa época, início de outubro de 1944, que acontece uma chegada massiva de deportados poloneses resistentes de Varsóvia.

Pegos de surpresa pela parada prolongada da ofensiva russa diante de sua cidade, os resistentes, ao agirem cedo demais, sofrem uma pressão cruel. Os menos azarados são deportados para Auschwitz, entretanto, numerosos são os que, desorientados pela atmosfera do campo, se suicidam.

Em uma manhã, ao deixar meu trabalho noturno na lavanderia, assisto a um desses suicídios. Um dos recém-chegados tinha se jogado nos arames farpados eletrificados para dar um fim; talvez ele quisesse ter pulado os arames, não sabendo que estavam sob tensão. O tronco curvado para trás, a cabeça torcida, os olhos revirados, as mãos tensas como garras diante dos fios, está tragicamente suspenso, como uma mosca em uma teia de aranha. Para mim, é o símbolo da raiva do homem em busca da liberdade; identifico-me com esse homem que teve a coragem de encontrar um fim. Os alemães cortam a energia. Ajudo a retirá-lo e transportá-lo para a enfermaria.

Agora Pach está conosco na reserva. De seus esplendores passados lhe sobraram apenas suas roupas bem cortadas, a soberba adquirida durante anos de poder e alguma moeda de troca da qual guarda segredo. Desdenha da comida do Bloco e desaparece durante dias inteiros. Acredito que esteja se reabastecendo com suas antigas relações e passando seu tempo correndo atrás da sombra de seu poder, na esperança de obter algum novo posto importante.

Ele está preocupado e parece consciente da incrível sorte que lhe é oferecida ao deixar o temido *Sonderkommando*. Um dia, desabafa comigo: "Sabe, Fred... com minhas relações seria fácil ir embora usando o transporte quando eu quisesse. Se apenas soubesse para onde vão..." Pensava somente em si mesmo; pouco lhe importava que os outros não tivessem, como ele, as rédeas de seu destino. "O que você faria em meu lugar? Se eu fico, tenho ainda uma chance, mas é perigoso. Admitindo que os comboios cheguem a outro campo – do que ninguém tem certeza –, estarei perdido na multidão e seguirei o destino dos outros, com todos os perigos que isto pode significar."

"Já que você pergunta a minha opinião, sua oportunidade é desaparecer daqui. Pense o que você representa, você é testemunha direta do primeiro plano. Se você sobreviver, será uma testemunha de acusação das mais temíveis; não creio que exista uma testemunha ocular mais bem documentada que você sobre os assassinatos em massa perpetrados aqui mesmo há anos. Se você quer minha opinião, entre no primeiro transporte que estiver partindo, já deu a hora." "Vou ver", respondeu-me. Indeciso, ele hesitava em sacrificar sua rede de contatos, "mesmo com os SS", dizia.

As partidas continuam em uma cadência rápida e a nossa não deve demorar. Nosso chefe de Bloco, sorridente, afável, elegante, que fala um francês correto, mas afetado, dirige-se a nós, grupo de médicos franceses, somente em nossa língua. Finalmente, ele mostra sua verdadeira face: sob a coerção dos SS, que lhe conferem consciência limpa, procede a uma última seleção em nosso barracão com um rigor extremo, uma selvageria que desmente meses de hipocrisia.

Com suspiros e lamentos expressos em palavras bem escolhidas, me anuncia que lhe é impossível continuar me protegendo e me marca na lista da grande e definitiva partida, aquela que apaga todos os problemas com uma baforada de gás tóxico. Entro em pânico; justo agora, quando é essencial resistir, quando cada dia pode trazer uma mudança decisiva, não posso acreditar que tudo esteja terminado e que tenha lutado e sofrido em vão durante tanto tempo.

Mais uma vez um milagre acontece, uma chance sem igual me estende a mão sem a menor razão aparente. Essa sorte no último instante é representada por meu camarada Ternias, um dentista de Paris, deportado desde o começo da guerra, escapou de numerosas seleções graças a uma mente inventiva, nunca em repouso, e uma vontade implacável de sobreviver, apesar de um forte andar manco devido a uma perna mais curta: seu número de matrícula, tatuado no antebraço esquerdo, era composto de nove, seis e zero, o que lhe permitia apresentar o antebraço do lado certo ou ao inverso, de modo diferente no momento da seleção e do reagrupamento que a seguia e, dessa forma, escapar da morte!

Ternias me propõe intervir em meu favor; observo-o, incrédulo, crendo em alguma brincadeira macabra. "Calma, Fred, acredite em mim! No campo-hospital, há um enfermeiro SS que antes estava em um pequeno campo onde eu era dentista; ele me conhece bem e não recusará um servicinho pessoal." "Sim, entendo. Ele talvez fizesse por você, mas eu não sou nada para ele!" E insiste: "Você verá, Fred, conseguirei um modo para irmos juntos numa tarefa de medicamentos ao campo-hospital amanhã cedo e, se eu tiver sorte de encontrá-lo, nós dois estaremos salvos!" Eu o escuto sem mais o contrariar e acho gentil de sua parte tornar minhas últimas horas mais fáceis de suportar, o que concebo como piedosas mentiras; realmente, não acreditava nesse conto de fadas.

No entanto, no dia seguinte pela manhã, nós dois partimos em um carrinho de mão em direção ao campo-hospital à procura de medicamentos; dessa forma, a primeira parte de sua promessa se realizou. Chegando ao campo-hospital, ele me manda esperar na frente da farmácia, onde fica cerca de vinte minutos e me diz assim que sai: "Eu o encontrei. Acho que está combinado. Ele me prometeu formalmente riscar nós dois." Pensei que se tratava de uma encenação destinada a me consolar, mas ele tinha dito a verdade! No dia seguinte, sou designado para partir no transporte.

Primeiramente, sou transferido para outro barracão onde todos os que estão destinados ao mesmo comboio se encontram reunidos. Somos muito numerosos, vindos de diversos Blocos do campo e devemos passar por uma última e temível seleção, efetuada pelo médico SS Mengele, de triste renome. Isso acontece em um barracão que comporta um pátio cercado, de acordo com o cerimonial habitual. Mengele está em pé com as pernas afastadas e faz um pequeno ritual de sinal com o indicador: esquerda, direita, esquerda, direita... e os sacrificados da última condenação se amontoam no canto direito do pátio. Homens enfraquecidos ou somente grisalhos, cujos olhos fixam um ponto longínquo, na esperança do inevitável, além de toda a contingência.

Quando chego diante dele, sou questionado a respeito do meu pé; quando lhe respondo em termos médicos, ele fica surpreendido, digo-lhe que sou médico. Então, acontece algo inacreditável, neste mundo perverso no sentido verdadeiro da palavra: onde tudo está ao inverso! Ele se debruça na minha direção e diz em tom de confidência, quase amigavelmente – sim, foi assim que eu senti: "Quando o senhor chegar em outro campo (chamando-me de senhor!), diga que é médico, seu destino será melhor". Em seguida, ele retoma sua frieza e continua a seleção. Fiquei tão impressionado com isso que, conhecendo o personagem de renome, pensei que estivesse zombando de mim e que não haveria chegada alguma em outro campo!

No entanto... todos os que devem fazer parte do transporte são reunidos em um campo vazio que eu não conhecia. Fico com o coração na mão; a tímida esperança suscitada pela aproximação da ofensiva russa é aniquilada. Ao menos estamos destinados a sermos evacuados em direção ao coração da Alemanha em guerra; na verdade, não fazemos ideia alguma de para onde vamos e os rumores persistentes de mudança de campo com a finalidade de uma "liquidação" brutal nos enchem de agonia. Essa partida implica também a ruptura com certos hábitos adquiridos ao longo dos últimos meses: tinha meu próprio leito, minhas roupas, rostos conhecidos ao meu redor. Mesmo aqui, no que é inominável, tinha criado um tipo de costume que tornava a sequência dos dias aceitável.

Em direção ao coração da Alemanha

Dormimos em um barracão vazio, sem nem mesmo um pouco de palha nas pranchas de madeira que servem como cama. O outono avançou e essa noite de outubro passada sem cobertas, nas correntes de ar que atravessam o barracão, cobertos apenas com casacos listrados muito finos, é muito cruel. É uma sorte estarmos em grande número e nos apertarmos uns aos outros.

O despertar nos surpreende durante a alvorada e guardo a lembrança de longas horas passadas em filas de cinco, na estrada empoeirada desse campo vazio, tremendo, sozinho com meus pensamentos no meio dessa multidão, sob o brilho pálido de um sol de outono e sob as rajadas de vento, sem nenhuma comida, nem bebida. Os alemães remanejam nosso grupo durante horas, nos contam de novo e de novo, febrilmente, sem prestar mais atenção em nós do que prestariam em um rebanho e esquecendo, excepcionalmente, de nos bater.

O dia todo passa assim; somente com o anoitecer somos levados em direção às plataformas de partida. Passamos pelo meu antigo campo e vejo Pach me fazendo um sinal de adeus. Não sei mais como fiquei sabendo, bem mais tarde, que seus amigos SS o tinham tirado de um trem de transporte e o fuzilado.

A vista dos trilhos que pareciam se encontrar no infinito e do trem que sugere uma partida iminente é suficiente para desencadear, contra toda a lógica e bem no fundo de mim, um tipo de esperança jubilatória. À noite somos agrupados em frente aos vagões e depois de uma nova e longa espera, embarcamos quarenta homens por vagão; isto ocorre sem brutalidade por parte dos sentinelas; tal moderação seria devido à situação militar como desejávamos ou era apenas por preguiça?

A porta da bombordo está bem aberta e um sentinela se instala nesse espaço em cima de um banco de madeira, com as costas viradas para o interior do vagão.

Com exceção desse banco, o chão do vagão está nu. Comida em abundância nos é distribuída antes da partida, temos cada um três pães inteiros e várias porções de margarina, provavelmente por causa das dificuldades que surgiriam em caso de ataque da aviação aliada durante o deslocamento, já que os bombardeios se tornam cada vez mais violentos. Essa abundância de provisões é uma sorte inesperada há muito tempo esquecida; tranquilizado pelo presente inesperado, como a metade de um pão sem demora; muitos camaradas fazem o mesmo.

A partida ocorre tarde da noite. Esgotado pelos acontecimentos dos últimos dias, cochilo e guardo como recordação dessa primeira parte da viagem apenas uma batalha de braços e pernas que disputam um lugar.

Por outro lado, a segunda metade da noite foi rica em acontecimentos: depois da meia-noite a parada do trem me desperta; estamos em uma estação sob a iluminação azulada da defesa passiva e o hall envidraçado faz ressoar o ruído de recipientes metálicos que se chocam. Vemos com surpresa a chegada de enfermeiras alemãs que distribuem a cada um de nós uma xícara de café quente açucarado; este gesto, que traduz uma atenção quase incongruente em direção aos párias que somos a seus olhos, traz uma espécie de sopro de triunfo e liberdade em nossos vagões.

Quando o trem volta a se mover, permanecemos em pé atrás das costas do sentinela, formando um semicírculo diante da porta aberta.

Uma luz suave de lua cheia domina a paisagem desfilando lentamente diante de nossos olhos. De repente, assistimos a um espetáculo alucinante: os trilhos se multiplicam rapidamente ao nosso redor e estamos visivelmente chegando em uma grande cidade; começamos a perceber casas. Olhamos com uma atenção cada vez maior e logo com os olhos bem abertos: ruas passam umas atrás das outras diante de nós, com pedaços de muros em ruínas e todas as casas, sem exceção, têm suas paredes danificadas em qualquer ângulo que observemos. Imensos montes de tijolos e concreto até a altura do primeiro andar ocupam o meio das ruas ou são colocados perto das calçadas para liberar as vias.

Sob a claridade lunar, acreditamos ver postes de iluminação arrancados de suas bases; mergulhado em luz e sombra, um imenso silêncio reina sobre esses escombros de mares de pedras: é Berlim! Em nenhum lugar há o menor vestígio de vida nem a menor luz onde antes eram casas. Os sombrios quarteirões separados por ruas inundadas pelo luar giram em aros conforme o deslocamento do nosso trem e esse imenso cemitério desfila diante de nossos olhos em um panorama noturno.

Contornamos a cidade durante quarenta e cinco minutos; visivelmente abalado, nosso guarda está curvado sobre seu fuzil segurando-o entre os joelhos; atrás dele, mãos se apertam em uma paixão onde vibra um canto de esperança. Burburinhos se propagam até o fundo do vagão, próximo dos mais fracos que mal levantam a cabeça, e conseguimos ver em seus olhos, apesar de tudo, um brilho de esperança.

Chegamos ao destino pouco tempo depois de ter compreendido o que essa visão de pesadelo significava para nós, e assim que o trem para, encontramos o ambiente familiar dos campos. Somos recebidos por uma horda de SS vociferantes, armados com bastões, gesticulando e gritando: *"Schnell, los, los, heraus"*, e pontuam suas ordens com pancadas nas cabeças e nos ombros. Estamos na plataforma da estação de um dos campos mais importantes, vizinho à capital, cuja maior parte dos detentos são personalidades políticas opostas ao nazismo: é o campo de Sachsenhausen.

Durante toda a noite, somos colocados nos locais de ducha e ao amanhecer vejo o campo em sua totalidade. É composto por uma construção monumental de madeira com um portão de acesso na base, em seguida uma imensa praça de chamada de onde partem em feixes barracões alinhados, e mais longe vemos alamedas com outros Blocos.

É um campo muito limpo com um toque de vaidade: jovens árvores ladeiam as alamedas, há grama, flores. Vejo com surpresa uma tropa chegar marchando na grande praça, esses homens ficam indo e voltando ininterruptamente; soube mais tarde que se tratava do setor de represálias: marcham durante dias sem parar e devem sempre calçar botas novas com sola de madeira para "quebrá-las". Ao fim de poucos dias de exercício, ficam com os pés ensanguentados.

Para o almoço somos distribuídos nos barracões e sou enviado para um cômodo que lembra uma verdadeira sala de alimentação, com mesas e cadeiras brilhando de limpas, cortinas floridas de algodão nas janelas. O clima é calmo e elegante, apenas o fato de estarmos aglomerados ao longo das mesas, onde nos sentamos enviesados, nos lembra o local em que estamos. É um Bloco de deportados políticos importantes. Mais tarde soube que o camarada grisalho e educado que falou comigo durante a refeição era um ex-deputado no Reichstag.

Vi também um barracão estritamente confidencial, onde aconteciam coisas misteriosas: todos os que moravam lá eram muito bem nutridos e bem-vestidos. Um deles me reconheceu, era um conhecido de Birkenau; ele me contou que todos ali eram especialistas, relojoeiros e cunhadores. Foi só mais tarde que fiquei sabendo que fabricavam falsas moedas inglesas e americanas às ordens do governo alemão.

Na mesma noite, a bordo de caminhões, deixamos Sachsenhausen com destino à Oranienburg, um outro campo vizinho de Berlim. Passo a primeira noite dormindo no chão em um imenso galpão que me surpreende: não podia compreender que os alemães tivessem construído um edifício como esse unicamente para abrigar deportados!

No dia seguinte, pude me situar. Na realidade, estávamos em um hangar desativado de construção de aviões, que fazia parte de uma das fábricas Heinckel. Em pouco tempo, fomos encarregados de colocar fileiras de beliches duplos nesse imenso galpão, onde teríamos que permanecer durante três semanas. Essa fábrica estava destinada provisoriamente à etapa de quarentena dos deportados vindos do Leste.

Durante vários dias, diante de nosso hangar, havia um avião de caça novinho em folha, mas desarmado. Percebi que estava devaneando, vendo de tão perto esse símbolo de liberdade e evasão. Não tínhamos nada para fazer durante três semanas de quarentena, passeávamos em pequenos grupos de um lado para o outro, conversando e fazendo suposições sobre nossas chances; esgotados por uma longa detenção, duvidávamos de nossas possibilidades em resistir até uma liberação problemática.

O frio e a fome dominaram esse período em Oranienburg. Estávamos no mês de novembro e os raios de sol eram escassos, na maior parte do tempo caía uma chuva glacial frequentemente misturada à neve. O hangar não era aquecido. A fome era particularmente torturante; ao todo, tínhamos apenas uma refeição ao meio-dia, composta por um quarto de litro de sopa grossa, gordurosa, muito saborosa, e uma fatia de pão. Alguns camaradas possuíam o heroísmo de conseguir guardar a fatia de pão para a noite, mas confesso nunca ter tido essa coragem e, durante todo esse tempo, tive que me contentar com uma única refeição em vinte e quatro horas!

Exceto algumas obrigações esporádicas – era preciso saber evitá-las –, passávamos dias tranquilos, mas quase todas as noites havia alertas. Assim que as sirenes eram ouvidas, reuníamo-nos na frente do hangar depois de ter colocado nossas roupas e sapatos apressadamente e no total escuro, o que constituía em si um exercício difícil.

Escoltados pelos SS e seus cães, começávamos a correr na total escuridão em um pequeno bosque de bétulas acerca de duzentos metros de distância, onde nos obrigavam a deitar de barriga na lama. Ficávamos assim durante horas, escutando primeiramente o estrondo dos bombardeios aliados, em seguida o estouro das granadas de artilharia da defesa contra aviões e o barulho do impacto das bombas que nos cercavam, comparável ao dobramento de imensas chapas de metal.

Muito em breve, múltiplos focos de incêndio e o brilho das balas afiadas encontrarão a magia das cores neste concerto noturno. A atitude dos nossos guardas, visivelmente espantados e frustrados por não terem conseguido chegar aos abrigos mais seguros por causa de nós, contrastava com a nossa; considerávamos estes eventos com o estoicismo de quem não tem mais nada a perder e para quem os ataques dos aviões dos Aliados equivaliam à espada do justiceiro.

Esse campo improvisado é proveniente da desorganização do sistema concentracionário em consequência do avanço dos Aliados nos dois frontes. Trata-se de uma estação de triagem que recebe os deportados vindos de campos ameaçados e se esvazia em direção a campos ainda protegidos no coração da Alemanha, alguns já existentes e superpovoados pelo fluxo massivo, outros criados às pressas para recebê-los.

Minha permanência nesta placa giratória termina com a separação do nosso comboio em duas partes iguais por ordem alfabética. Nessa ocasião, perco Riquet, o fiel companheiro. Voltaria a vê-lo um dia? Desta vez, pegamos a estrada a pé para retornar à Sachsenhausen. Durante o dia atravessamos vários quilômetros de um subúrbio de Berlim. Ver ruas ladeadas de verdadeiras casas, calçadas e pessoas que vão a seus compromissos, crianças que correm e riem e sobretudo a atitude dos transeuntes que parecem não ter notado nossa presença, reforça dolorosamente nossa condição de fora da lei.

Assim que chegamos em Sachsenhausen, embarcamos em um trem cujo destino é desconhecido... como sempre. Muito mais tarde, saberei que o acaso me poupou novamente, que outros fizeram caminhadas intermináveis durante a evacuação de seus campos, caminhadas atrozes, no decorrer das quais morreram pelo esgotamento ou executados por seus guardas na beira das estradas...

O último ato

Depois de uma viagem muito longa da qual não tenho nenhuma lembrança, o trem para na neve, em uma via de estacionamento bastante longe de uma pequena estação. É a manhã de um belo dia de inverno e, depois de ter caminhado durante um bom tempo, subimos na neve, em meio aos pinheiros, por um caminho estreito muito íngreme no meio da floresta.

Minhas pernas parecem de chumbo, meu coração bate com violência e acredito que nunca conseguirei chegar ao final dessa caminhada. Mas, como tive a oportunidade de testar muitas vezes os infinitos recursos do nosso corpo sob o impulso de uma vontade de resistir, não penso em outra coisa a não ser prestar atenção à forma em que coloco os meus pés.

Chegando na entrada do campo, desabo na neve para me recuperar. É um campo recente, constituído por barracões de pequeno porte, a maioria fica enterrada, somente o telhado e uma estreita faixa de parede ultrapassam a terra com uma janelinha na altura do chão. Descemos por alguns degraus. Montes de terra cobrem o telhado com a finalidade de camuflagem. O campo é cercado por arames farpados tortos, mal-esticados nas estacas, grosseiramente cortados. Nesse campo não há estrada, apenas um vasto lamaçal, o lodo de argila sobe acima dos tornozelos e é preciso contornar os buracos com o risco de atolar. Nas proximidades dos barracões a terra está acumulada em pequenos montes, nos quais corremos o risco de tropeçar no escuro.

Passo o primeiro dia com uma equipe na entrada do campo sob a vigilância de um sentinela SS. O trabalho consiste em assentar o chão com a ajuda de pás; meus companheiros são húngaros muito jovens, transferidos de um campo vizinho. Foram presos e distanciados rapidamente das zonas de combate, com roupas civis soltas como trapos; estão magros e esgotados em um grau inimaginável e sobem suas pás lentamente. Cobertos de piolhos, param muitas vezes para caçá-los.

A primeira noite é muito dura; no barracão subterrâneo existem apenas pranchas de madeira desocupadas e bastante irregulares: todo mundo luta por algum lugar, mas somos numerosos demais e quem não encontra um espaço dorme no chão, na lama ou sentado nos degraus: é uma promiscuidade de seres esgotados, exasperados, que se empurram durante toda a noite. Sinto que não suportarei por muito tempo essa vida exaustiva e devo agir para sair dela, apesar do peso insuperável de cada gesto.

Os médicos do campo se reúnem no dia seguinte em torno de um coronel do exército tcheco encarregado de distribuir os enfermeiros nos barracões-hospital. Os médicos tchecos estão em maioria e distribuem entre eles os postos disponíveis. Peço ao médico-chefe que me nomeie enfermeiro, já que minha perna doente me impede de fornecer um trabalho eficaz em outros lugares e ele me responde que todos os postos já tinham sido preenchidos. "Neste caso me terão como doente", digo-lhe. "Apresente-se amanhã e veremos."

Quando passei diante dele na manhã seguinte, admitiu-me "como um teste", disse-me. Assim, tinha obtido um posto de doente, tão precioso para mim, nesta enfermaria onde era mais fácil entrar do que permanecer. Mas não estávamos mais nos tempos de Jaworzno: consigo me manter de adiamento em adiamento durante um mês; ganhei um outro mês ficando doente de verdade!

O que distingue a enfermaria dos outros barracões é uma fina camada de palha sobre as tábuas e um pequeno forno redondo de ferro no centro. O importante para mim é estar deitado no calor, com alguma roupa debaixo da cabeça no lugar do travesseiro, uma coberta e esperar a sequência dos acontecimentos, o que é ainda a melhor maneira de resistir.

Durante este primeiro mês, meu estado melhora progressivamente e o médico tcheco se preocupa com o prolongamento de minha estada na enfermaria, que não é mais justificada. Mas toda vez recebo mais alguns dias. Desejando a todo preço evitar ser mandado embora, decido prestar pequenos serviços: levanto todas as manhãs antes do amanhecer e acendo o fogo do forno com a lenha trazida na véspera pelos homens do *Kommando*; em seguida, varro o chão do barracão com uma vassoura que eu mesmo confeccionei com galhos. Desta forma, todas as manhãs tenho uma ocupação fixa durante cerca de uma hora e tento deixar o barracão o mais limpo que meus pobres meios permitem.

Minha vida é organizada em novos limites; aos camaradas que não podem absorver a comida tal como a recebem, adquiro o hábito de tentar torná-la mais digesta; esquento fatias de pão besuntadas de margarina na parte de cima do forno, lembram vagamente torradas; preparo sopas com pão esmigalhado, água e margarina; às vezes, por vias misteriosas, trazem uma batata que cozinho nas cinzas.

Essa atividade de "cozinheiro" me vale pequenos suplementos como pagamento dos serviços prestados; minhas ocupações tornam a permanência mais suportável graças ao calor ambiente, ao odor do pão torrado, ao contato humano. O próprio colega tcheco me é grato e permite que eu fique por mais tempo do que deveria.

Durante o primeiro mês passado na enfermaria como doente, saio algumas vezes do barracão, mas o sol de inverno me entorpece e o frio me espanta rapidamente. Em um destes dias de saída, assisto a um combate aéreo: dois aviões, um inglês e outro alemão, fazem um carrossel, o inglês cai em chamas e vejo claramente dois paraquedas se abrirem, balançando lentamente ao vento. Quando se aproximam do chão, ouço uma dupla rajada de metralhadora e, nas extremidades de seus paraquedas, os dois aviadores ingleses descem imóveis, como bonecos de pano. O peso da Convenção de Genebra[18] não parece perturbar o sono dos que atiraram!

Ao final de um mês esgotei todas as minhas possibilidades, o próprio médico-chefe decidiu me mandar para um *Kommando*, já que a solidariedade entre tchecos tem a ampla prioridade sobre a fraternidade entre médicos! Há alguns dias tenho dor de garganta e me sinto febril; agarro-me à última oportunidade e peço um termômetro ao nosso médico; quando o entrego – acho que com um pequeno brilho nos olhos –, ele tem que aceitar: está marcando quarenta graus!

Estou com escarlatina, a erupção não tardará a aparecer e durará um mês inteiro, com uma temperatura muito elevada, em torno de quarenta graus. Mas, milagrosamente, evito as complicações, a menor delas pode ser fatal nesse contexto; evidentemente, em nenhum momento foi considerado o isolamento e passei todo o tempo que durou essa grave doença muito contagiosa na construção, no meio dos camaradas. Certamente, os SS teriam me executado se soubessem da minha doença! Não guardei nenhuma recordação precisa do desenrolar da minha escarlatina; devo ter delirado muitas vezes, mas o que não esqueci foi que nunca deixei escapar uma migalha da minha precária comida e a engolia mesmo sem ter fome.

Os piolhos eram uma obsessão constante durante esses dois meses na enfermaria. O que havia começado com uma pequena fricção intermitente, uma cócega quase imperceptível, se tornou

---

18 Série de tratados elaborados em quatro convenções (1864, 1906, 1929 e 1949) em Genebra, na Suíça, que definiram as bases dos direitos humanitários internacionais em tempos de guerra. [N.T.]

uma coceira cada vez mais forte que mudava de lugar; mal parava em uma axila e manifestava-se na barriga, depois nas costas, obrigando-me a fazer contorções para atingir os sucessivos locais. Finalmente, tornou-se intolerável: um tormento de todas as horas, presente permanentemente em todo lugar, impedindo qualquer sono, irritante e obsessivo, ao ponto de proceder, como os outros, à retirada dos piolhos à noite, apesar do meu estado de grande fraqueza. Sentados na beira da prancha de madeira, éramos uma fileira inteira, tínhamos tirado as roupas de baixo e as examinávamos lentamente sob a fraca luz de uma lamparina a óleo que pendia do teto. Era preciso virar as mangas, desfazer e sondar as costuras, rastrear os piolhos encolhidos imóveis nas dobras, estourar as lêndeas presas como terços brilhantes em cada dobra. Piolhos de todos os tamanhos e cores: alguns eram minúsculos e transparentes, quase imperceptíveis, outros, enormes, às vezes com dois milímetros, com o abdômen reto em losango, de variadas cores: amarelo, rosa-claro, azul, marrom, preto; às vezes com manchas de pequenos losangos coloridos cercados por uma borda de matéria transparente. A grande variedade era impressionante!

Uma minuciosa busca pelos piolhos nos permitia um repouso de algumas horas, mas cada vez mais frequentemente era necessário se levantar e recomeçar a operação ao longo da mesma noite. Alguns tentavam procedimentos rápidos: passavam as roupas infectadas nas paredes do forno incandescente e ouvia-se o chiado dos parasitas queimando. Essa caça aos piolhos tinha se tornado quotidiana e banal, nem nos dava mais nojo!

Durante essas horas de insônia, trocávamos lembranças e ponderávamos nossas chances; para mim, era uma maneira de estar à par da evolução dos combates, pois muitos tinham sido presos há pouco tempo e minha esperança saía reforçada dessas conversas noturnas.

Foi quando conheci Daniel, um jovem médico que era assistente de fisiologia na Faculdade de Strasbourg, transferida provisoriamente para Clermond-Ferrand no momento em que foi preso. Tinha uma mente encantadora, alegre e sério ao mesmo tempo, muito profundo, conversava comigo durante horas com nostalgia de suas pesquisas abandonadas. Tornou-se um verdadeiro amigo e fazíamos projetos para "depois".

Apesar das encorajadoras notícias vindas de fora, o futuro está bloqueado; o que os alemães farão no último momento? Estaríamos destinados a desaparecer em um último surto destrutivo de raiva? Meu cansaço é muito grande; tenho consciência de não poder resistir por muito mais tempo ao desgaste prolongado do meu organismo. Homens morrem todos os dias, em um ritmo rápido, mas essa é a rotina com a qual sobrevivo há muito tempo; nada de novo acontece. Os alemães dão a impressão de trabalhar para a eternidade: estamos numa posição de retirada, no coração da Baváría, em uma distância igual entre os frontes do Leste e do Oeste, em um subcampo de Dachau, designado por um nome e um algarismo: Kaufering IV. Esses pequenos campos foram criados com a finalidade de fornecer mão de obra para a construção de hangares subterrâneos de aviões.

Ao final de um mês de febre elevada, minha escarlatina chega ao fim. Estava muito enfraquecido, mas curado. Dessa vez, eu não podia mais evitar ser mandado embora da enfermaria, mas fui igualmente transferido para outro campo. Na véspera da minha partida, circulavam boatos de tifo exantemático e um doente foi admitido na enfermaria com uma febre muito elevada; o médico tcheco pensou que ele estivesse com tifo.

Frágil e miserável, parti com um grupo cercado por SS, fazendo um esforço sobre-humano para colocar um pé diante do outro na neve malcompactada de um caminho de campina.

Lembro-me de um céu baixo de inverno, de um prado vazio com algumas árvores, de nossa passagem diante da prisão de Landsberg, onde Hitler tinha passado um tempo em sua juventude e para onde um sentinela nos apontou com o dedo. Essa caminhada foi muito longa e esgotadora, tive que redobrar toda a minha vontade para chegar até o fim.

O sentimento dominante é meu imenso cansaço e toda minha atenção é tomada pela preocupação imediata em sobreviver. Muitas impressões me deixam apenas uma lembrança muito confusa: um raio de sol repentino sobre os pinheiros com neve, longos arrepios percorrem meu corpo descarnado e febril, rostos amigos debruçados sobre mim, pessoas que eu tinha conhecido em outros lugares no decorrer de um longo passado em outros campos, sofrimentos diversos, gostos e odores furtivos, uma luta confusa e implacável para sobreviver. Tudo isso está intimamente misturado, mas as lembranças que ficam intactas bastam para garantir a continuidade desses últimos acontecimentos.

O novo campo se assemelha ao anterior. Retive dele a configuração geométrica e a situação: é um retângulo regular inscrito em uma clareira de mesmo formato rodeada por magníficos pinheiros com galhos pesados de neve. Dada essa situação em um cenário natural de sonho, parecia uma estação de montanha para convalescentes.

Aqui ninguém trabalha, mas não faltam preocupações. Mal-instalado sobre a tábua do meu novo barracão, incapaz de me mover, tenho um primeiro contato difícil com os funcionários do campo: um jovem "policial" grego balançando seu cassetete nos insulta na linguagem concentracionária, feita de restos de alemão e polonês precários, ordena que esvaziemos os bolsos e se apossa de pobres objetos de todos; tinha comigo um pedaço de lápis. Ele toma todo o meu tesouro. Nos manda sair do barracão. É proibido permanecer neles durante as horas "úteis". Como ando lentamente, o xinga em francês ao me afastar e ele me persegue por muito tempo, me dando pauladas. Paralisado, tremendo de febre, caminho entre os barracões, fervendo uma indignação impotente.

Dirijo a palavra aos que me questionam sobre minha origem e nacionalidade e um deles me diz: "Olha! Vou te enviar um francesinho que te será útil".

Esse francesinho é Charlie: uma cabeça de adolescente, desmedidamente grande, com olhos arregalados, a aparência cansada, pálido, num corpo visivelmente parado em seu desenvolvimento, frágil e torto com o aspecto de um menino de 14 anos. Avança seu quadril de lado, em bloco, e seu peito fica inclinado, a cabeça balança ao ritmo de seu caminhar. Move-se muito lentamente como todos aqui. Somente seu olhar atesta a sua vivacidade de espírito: brilhante de curiosidade e de amizade.

Situa-me em algumas questões e respostas, em seguida diz: "De acordo com a data da sua deportação, você deve ter estado em Drancy na mesma época que Jules. Você se lembra do Jules Arbagouy? Ele fez carreira. É chefe de Bloco aqui. Estou com ele. Venha comigo. Eu te levo. Tenho certeza de que ele fará algo por você."

Jules me recebe com os braços abertos, bastante emocionado. Lembramos da prisão de Drancy, dos primeiros tempos de nossa detenção. Não somos mais os mesmos homens agora. Cada um do seu lado, caminhamos no horror. Trocamos nosso acervo dos milagres aos quais devemos a vida e nosso peso de atrocidades.

"Vou te receber no meu Bloco. Aqui você ficará mais tranquilo. Eu te protegerei." Assisto, surpreendido, às evoluções de um Jules desconhecido, coração terno e desbocado que, para ser respeitado, solta gritos e xingamentos que fazem o barracão balançar;

tendo obtido o silêncio total de seus súditos, pisca para mim, o que me lembra o meninão chorando na palha da prisão de Drancy ou se contorcendo de impotência, fazendo caretas cômicas.

Seus olhos ternos de criança grande se fixam ao longe e ele me conta os horrores dos quais foi testemunha. Enviado em *Kommando* para a remoção de escombros no gueto de Varsóvia, viu os mortos mumificados nas paredes carbonizadas dos abrigos subterrâneos que os judeus tinham cavado em baixo de suas casas, onde a horrível morte pelo fogo lhes tinha surpreendido: queimados pelo calor das casas que os alemães tinham incendiado acima deles, asfixiados e conservados como em uma espécie de Pompeia, onde homens teriam arriscado a própria sorte.

Durante alguns dias, fico sob a proteção de Jules, mas estou febril e abatido, minhas articulações estão doloridas, tenho a impressão de estar com uma gripe; minha temperatura sobe e Jules pede que um médico venha me ver; após seu exame, conclui: tifo exantemático.

Depois de ter escapado de tantos perigos, as doenças me derrotariam? Mal saído de uma convalescência de escarlatina grave, fiz aquela caminhada na neve quando já tinha contraído o vírus do tifo que agora se manifesta. Tenho vertigens só de pensar que resisti a tantos ataques do destino. À medida que as chances do fim da guerra se tornam reais, quanto tempo eu poderia ainda resistir?

Jules me anuncia com uma comovente delicadeza que não pode mais me manter em seu barracão, reservado a pessoas fracas, porém saudáveis, mas promete me visitar com frequência.

Devo ser transferido para um barracão de doentes de tifo; esse deslocamento se efetua em uma maca, estou quase nu, vestido com uma camisa curta e tremo sob o frio forte e ensolarado do início de março. Lembro-me do balanço ao ritmo dos passos dos carregadores e também da minha impaciência por conta de uma parada prolongada sob a mordida do frio, mas estou longe de tudo, mal escuto, minha visão está embaralhada, volto apenas por alguns momentos de um devaneio confuso.

A "doença dos piolhos"

Minha temperatura permanece a 40 graus durante 18 dias, durante 18 dias fico prostrado e delirando. De vez em quando, saio do meu delírio e tenho diante de mim um pilar de barracão e um forno de ferro, mais à minha esquerda, uma mesa e uma cadeira. Às vezes, essa cadeira está ocupada por um homem jovem e loiro de óculos, o médico desse Bloco. Incapaz de nos curar, é rude e irônico e assiste com fatalismo às devastações da doença.

Os momentos em que venho à tona são cada vez mais breves: a tomada de temperatura e o tempo de constatar que continuo com quarenta graus de febre, os momentos em que luto contra a náusea para absorver a comida modestamente medida, sei que ela me é indispensável. São os únicos instantes conscientes durante dias. Lembro-me, de maneira confusa, do combate que devo vencer para me rastejar, me apoiando de pilar em pilar nas beiradas da prancha de madeira em direção às tinas que estão na porta, do outro lado do barracão.

Mal distingo o que se passa ao meu redor. Sei que Daniel está aqui, na fileira oposta à minha. Nos meus momentos de lucidez o vejo deitado encolhido, atormentado por um delírio loquaz e agitado. Aqui não há nem conversa nem sessão de caça aos piolhos; prostrados em seus delírios, os doentes mal se mexem. Alguns, mergulhados em uma total inconsciência, não chegam a tocar em suas comidas.

Meu delírio não é "rico", como dizem os psiquiatras: são sempre as mesmas situações que voltam. Tenho uma necessidade imensa de frescor e a sede me tortura; o tempo todo os mesmos delírios se desencadeiam nas mesmas imagens de uma vida perdida. O mesmo sonho me obceca sem parar: estou em minha casa, deitado em um divã, me sinto muito leve; minha mulher, linda, forte, se aproxima de mim com um sorriso radiante, me abraça e me levanta como se eu não pesasse mais nada, me carrega para o banheiro e me mergulha na banheira cheia de água suave, tão suave e tão morna; em seguida, me estende uma taça de champanhe e sinto as borbulhas coçarem o palato e as narinas... depois tudo recomeça: a banheira, a água morna, o champanhe e assim por diante, sem fim. Esse delírio se apossa inteiramente de mim, é minha fuga do inferno!

Jules me abandona e penso que ele está com medo do contágio, o que acho legítimo e perdoável. Veio uma única vez me trazer uma torrada com manteiga e me fez promessas. Talvez tenha vindo outras vezes, mas não tenho como saber. Estou chateado com ele, por ter me abandonado, e tento contar os dias.

Em alguns momentos de lucidez, o desespero toma conta de mim: para que ainda lutar, contrariando o bom senso e toda esperança racional? Não seria melhor me deixar escorrer até o fundo desse doce delírio repleto de imagens de uma outra vida, de uma vida tão boa, perdida para sempre? Por que insisto com tanto ardor nessa luta contra a evidência?

Jules acabou voltando e, na esperança de atenuar esta febre que não quer cessar, peço-lhe que me traga aspirina. Na noite do décimo oitavo dia, tomo dois comprimidos desse precioso remédio, fora do alcance para nós, salvo por uma ajuda excepcional.

Passo a noite vigiando minha pulsação, colocando dois dedos da mão direita no meu punho esquerdo, como faria com um dos meus pacientes. Estou lúcido e não deliro mais. Durante essa noite crítica, sinto-me partir em duas ocasiões: um véu preto se abaixa como uma cortina e ao mesmo tempo não percebo mais o meu pulso, depois encontro-me tateando com os dedos o punho. Duas vezes "parto" dessa forma e, nas duas ocasiões, volto e me lembro da sensação do véu preto e do pulso que parou sob meus dedos; se a parada tivesse sido definitiva, meu pensamento teria captado a última manifestação de vida!

Devo ter dormido na sequência. De manhã acordo muito fraco, mas sem febre, estou exausto, porém lúcido.

Fico sabendo, então, que Daniel morreu. Outros, claro, muitos outros também, mas não presto mais atenção nos mortos anônimos. Daniel, meu amigo, meu irmão, morreu. O que é uma cambalhota no vazio? Qual é a fronteira entre um Daniel morto e um *eu* vivo?

Fico ainda alguns dias no barracão do tifo, lúcido, mas muito enfraquecido, também muito faminto e é onde se encontra a cilada! Como se restabelecer, como ter uma verdadeira convalescência com esta comida no extremo limite de nossas necessidades?

Sou devolvido para o barracão de Jules com o rótulo de "curado". Volto para lá como o morto-vivo que me tornei; meu corpo parece pesar toneladas, eu que emagreci até os limites do possível, que pareço um esqueleto ambulante. Cada movimento me demanda um esforço extremo de vontade, cada passo é uma vitória sobre mim mesmo.

Na verdade, sou incapaz de caminhar; liberado do barracão do tifo, ninguém cuida mais de mim. Arrasto-me, ora de quatro, ora apoiando-me nos telhados dos sucessivos barracões; minha cabeça gira, os contornos dos objetos ficam desfocados; levo um tempo infinito para chegar ao Bloco de Jules que me recebe e me atribui um lugar.

Aqui, me sinto protegido; seria um exagero pensar que estivesse salvo. Sei que ainda estou muito doente, mas um novo milagre aconteceu: venci uma doença terrível que na maioria dos casos leva à morte. Estou em uma toca e aquele que reina por aqui é um amigo. Quase um mês se passou desde que deixei este barracão em uma maca e o momento presente, obviamente, rico em acontecimentos. Mas quem eu era? Um quase morto jogado de um canto para o outro; suponho que tenham me levado para as duchas, que minhas roupas tenham passado pela estufa ou sido trocadas. Tudo isso se passou fora da minha consciência e não me deixou nenhuma lembrança. Somente algumas marcas permitiram que a continuidade da minha memória se mantivesse.

Um outro sofrimento começa agora, sofro as consequências dos 18 dias de tifo exantemático. Não estou apenas enfraquecido, também não consigo enxergar e mal escuto. As vozes chegam até mim como um zumbido longínquo.

Minhas extremidades doem horrivelmente, todos os dedos das mãos e dos pés são o lugar de uma dor muito forte, de uma tensão, de uma tração, comparáveis à pressão incansável em um torno, que em alguns momentos se intensifica ao ponto de me arrancar gritos.

Momentaneamente, o mundo se limita ao espaço que ocupo no barracão, mas meu pensamento é claro. Posso definir meu sofrimento, sei que essa doença entope os pequenos vasos sanguíneos das extremidades, muitas vezes até mesmo grandes artérias e pode provocar gangrena. Também sei que o acometimento da visão e da escuta é devido à mesma causa e tudo o que posso fazer é sofrer e ter paciência.

Milagrosamente, isso também acaba por se acalmar. Tento dar alguns passos me apoiando no braço de Charlie. Caminho muito lentamente, mas consigo ficar de pé apesar do meu esgotamento, apesar da impossibilidade de me situar pelo fato de minha visão ainda estar deficiente. Caminho pelo sol apesar do meu grande cansaço e desse vazio que habita meu peito. Sinto o calor dos primeiros raios de sol primaveris, estou vivo!

Em seguida, uma surpresa nos acontece, uma grande e muito admirável surpresa, dessas que contam muito, das que se pode pensar que sejam um prelúdio à liberdade: todos nós recebemos caixas da Cruz Vermelha! É a primeira vez que os alemães aceitam distribuir pacotes nos campos de concentração aos que estão em estado de *noite e neblina*. É a primeira vez, em mais de vinte meses, que esse sinal de solidariedade humana chega até mim. Cada um de nós tem direito a uma lata de atum ao óleo, uma de leite condensado e quinhentos gramas de torrões de açúcar.

Meu paladar e meu olfato voltaram e estão afiados. Saboreio e consumo imediatamente o atum e o leite condensado. Tento guardar uma reserva de açúcar, mas na manhã seguinte terei consumido toda a quantidade. Sinto um pouco de náusea com toda essa comida inabitual. No entanto, minha convalescência deve ter dado um grande salto. Havia tantos buracos a serem preenchidos nesse organismo esgotado!

Depois de alguns dias, mudo mais uma vez de campo e este último será o nono desde minha deportação. É um campo "médico". Todos os barracões ficam sob a vigilância de médicos, muitos deles franceses. Faço o trajeto em uma carroça puxada pelos braços dos camaradas mais válidos.

A recepção é muito amigável, é o grupo de médicos que me recebe e vários são conhecidos meus. Lembro-me de conversas otimistas entre veteranos e novatos durante um momento ensolarado no portão do campo. Ele serve para reagrupar os homens inaptos ao trabalho na profusão de pequenos campos disseminados ao redor da cidade de Landsberg.

Aqui não se trabalha, há apenas obrigações interiores, mas a comida é extremamente escassa. Encontro vários veteranos de Birkenau: Gorse é chefe de Bloco e Charlie está com ele, precedeu-me. Ternis também está aqui, forma equipe junto com outro dentista muito doente.

Agora, Charlie é meu companheiro de todas as horas. Perambulamos entre os barracões, trocamos recordações e buscamos um problemático suplemento de comida, pois esse quesito está pior do que nunca. Somos alimentados exclusivamente com uma sopa clara e nossa vida é uma luta permanente contra o esgotamento. Colhemos dentes-de-leão que brotam da terra do telhado dos barracões, temperamos com o sal que imploramos na cozinha; os médicos se reúnem frequentemente e participo dessas reuniões. Somos por volta de trinta, sobretudo húngaros e franceses. Preparamos uma atitude a adotar diante dos alemães em caso de liberação pelos americanos.

Prelúdio à liberdade

Os camaradas me encarregam como responsável por um barracão; meu papel consiste em receber o latão de sopa que nos é destinado, garantir a distribuição e vigiar para que não haja injustiças. É um papel difícil. Os homens me escapam e brigam entre eles em polonês; tenho dificuldade em manter um mínimo de disciplina, não tenho força nem vontade de me impor, não quero dominar o que quer que seja.

Estamos todos subnutridos e muito enfraquecidos; nossa única chance seria a chegada rápida e tão esperada dos liberadores. Os mortos são – infelizmente – muito numerosos e carroças totalmente carregadas os levam todos os dias para serem enterrados nos bosques vizinhos.

O campo está superlotado, as provisões baixam, o sistema começa a se fissurar em todos os lugares; os alertas são frequentes. Um dia, assisto com alegria ao desespero de um SS que se esconde na lama de uma fossa do campo; só eles estão em pânico; o medo das bombas nos é desconhecido.

A tão desejada debandada finalmente acontece, mas mais uma vez estamos em uma situação crítica. Os alemães organizam a evacuação de todos os homens capazes de andar, que devem pegar a estrada escoltados por SS. Um oficial passa pelos barracões e ameaça fuzilar os que se esconderem entre os acamados.

Todos os homens válidos devem se agrupar diante da cozinha para partir a pé. O pânico toma os que ficam: temendo serem aniquilados no local, homens que mal se movem se apresentam para a partida. Pouquíssimos homens do meu barracão partiram e tento confortar os que ficam, demonstrar-lhes a inutilidade das ameaças. Os próprios SS espantados e incapazes de executá-las não têm nem tempo nem meios de procurar pelos homens válidos escondidos nos barracões. Por causa do fiasco militar que atinge em cheio o campo, estimo que nossas chances de sermos poupados sejam de cinquenta por cento.

Um período muito difícil começa agora e durará vários dias. A maior parte dos alemães partiu a pé com a maioria dos deportados; a cozinha está deserta, os serviços do campo, desorganizados. Sobram apenas doentes (alguns prestes a morrer) e médicos. Na cozinha, há uma reserva de batatas que será nossa salvação; uma distribuição será organizada da melhor maneira possível e cada homem terá um punhado de batata uma vez por dia, mas faltam muitos.

Evidentemente, os dias do campo estão contados; os nossos também, mas nos resta uma chance. Quatro dias após a partida dos homens válidos, os alemães começam a evacuação dos que permaneceram. São os médicos que carregam as macas e conservo o pequeno Charlie comigo, formamos uma equipe juntos.

É preciso tirar os doentes dos barracões e deixar os mortos no local. Não sou rápido o suficiente e recebo, de um SS irritado, meu último pontapé no traseiro, mas esquivo e não há consequências. Carregamos os doentes o dia todo até tarde da noite. Quando todos estão juntos em um canto do campo onde os arames farpados foram retirados, os transportamos para o lado de fora do campo até o trem, utilizando as macas, a uma distância de cerca de duzentos metros.

A noite está enluarada, não se veem sentinelas. Há apenas dois em todo o trajeto. A sombra de um pequeno bosque a uns vinte metros nos convida a uma fuga imediata, mas é muito arriscado, usamos uniformes listrados. O que haveria do outro lado do bosque? Outros arames farpados, talvez outro campo.

Renunciamos a contragosto a este sonho de liberdade encorajado pelo silêncio e a suave claridade lunar.

Como é duro renunciar à tentação! Bastaria deixar a maca vazia no chão ao voltar do trem, ir em direção ao bosque com passos discretos e em caso de descoberta usar como pretexto alguma necessidade urgente; em nossa sede por viver, tínhamos preparado e ponderado tudo isso!

A evacuação do campo continua durante todo o dia seguinte. Os espaços entre os barracões estão cobertos de cadáveres e de moribundos abandonados. Finalmente chega a nossa vez, os últimos homens válidos e médicos se colocam em fileiras e se encaminham uma última vez em direção aos vagões através do mato, sob a guarda dos sentinelas. Subimos em vagões de cimento a céu aberto, cujas paredes chegam à altura de nossos peitos. Instalamo-nos no piso nu, apertados uns contra os outros por causa do frio e da falta de espaço. O trem parte. Não resistirei por muito tempo ao balanço dos trilhos. Exausto, pego no sono.

Liberação

Desperto pela manhã, uma bela e calma manhã de primavera; o sol está alto e aquece bem. O trem para em plena vegetação. Fizemos apenas uns dez quilômetros durante a noite; os alertas são contínuos. Notamos uma pequena estação e, mais perto de nós, abre-se uma vista panorâmica para um cruzamento de estradas e um viaduto. Não há vilarejo algum à vista, apenas plantações; abaixo, um prado atravessado por um riacho e mais ao longe, à direita, uma fazenda. A paisagem exala uma grande suavidade, uma calma benéfica.

No entanto, há elementos destoantes: essa calma, surpreendente por si só; a proximidade de um outro trem na via paralela; uma espera indefinível, mas real; uma forte angústia, uma tensa espera em direção a um destino distante.

De repente, um barulho nasce de algum lugar, aproxima-se e podemos ver um avião sozinho, bem alto no céu... Ele para bem em cima do nosso trem. Em seguida, mergulha em linha reta em nossa direção. Chega muito rapidamente, o tempo de nos colocarmos contra as paredes do vagão em busca de uma proteção ilusória e cospe com suas quatro metralhadoras. Endireita-se na vibração surda de seu motor embalado, voltando à vertical. No momento dos impactos, destroços de todo tipo, pedaços de trilhos, pedras de lastro e poeira voam em uma nuvem espessa, ao alcance da mão, bem entre os dois trens e, no silêncio total que voltou por um instante, ouço o silvo dos cartuchos ejetados e superaquecidos.

Depois vem a correria em direção às portas e ao prado, mas os alemães nos reúnem assim que a situação se acalma e nos obrigam a subir novamente no trem. Trancam as portas e nos proíbem de deixar os vagões, aconteça o que acontecer.

Os aviões aliados voltam para um novo ataque e, agora, estão em três. Mais uma vez, posicionam-se muito alto acima de nós e descem. Não sei se há homens atingidos em nosso vagão. Apenas mais tarde saberei que houve muitos mortos e feridos em nosso trem. Tomo uma decisão que se impõe: assim que o ataque termina, os aviões sobem e viram na direção dos trens; faço uma escada de mão para um rapaz jovem e leve que destranca a porta do lado de fora e dá-se a correria em direção ao prado, apesar dos gritos e das ameaças dos sentinelas que intervêm somente de muito longe. Ficaram abrigados em um bosque na outra extremidade do trem e estão mais preocupados com sua própria segurança.

Corremos pelo prado. Enquanto isso, os três caças voltam e atiram em tudo, nos dois trens, nos homens que correm pelo mato e que eles imaginam ser inimigos, na pequena fazenda onde uma bateria de defesa contra aviões explode e queima. Tinha me deitado com a aproximação dos aviões, mas levanto e olho ao meu redor. Estou a cerca de cinquenta metros do trem, grupos de deportados se afastam em direção às plantações e bosques. Com os olhos, procuro Charlie e o vejo longe atrás de mim. Faço-lhe grandes sinais com os braços e continuo caminhando em direção à liberdade. Os SS gesticulam e atiram na direção dos grupos de fugitivos, mas minha decisão está tomada: retomo meu livre arbítrio, daqui em diante me recuso a ser um bicho amedrontado. O sol, a vegetação, as árvores, o riacho, quero tudo isso para mim, sem arames farpados, sem medo, sem fome, sem pesadelos!

Subitamente, me dou conta de que estamos em 27 de abril, que é, pela segunda vez, um dia decisivo, segundo a previsão do cigano, quando a balança pende para o lado certo. Ele dissera tudo corretamente, sua predição encontra aqui e agora pela segunda vez sua brilhante confirmação!

Os aviões mergulham mais uma vez em direção ao chão e atiram novamente nos homens espalhados no prado, me jogo no chão; assim que me levanto, Charlie me encontra e continuamos juntos. À nossa esquerda, um grupo toma a mesma direção que nós, à direita, fugitivos em maior número tomam o caminho para o vilarejo mais próximo. Afasto os que querem se juntar a nós; em dois é melhor, temos mais chance; em três já seríamos muito numerosos.

Cruzamos o riacho andando, pouco importa ter as pernas e os pés molhados. Chegamos em pequenos pulos sucessivos em uma estradinha. Em carroças, carros ou a pé, soldados alemães fogem dos americanos. Esperamos um momento de calma para atravessar a estrada correndo.

Do outro lado começa uma colina arborizada, adentramos o bosque subindo uma ladeira suave. Aqui tudo é calmo, não há ninguém, estamos cercados por árvores e todo o resto desapareceu: o trem, os campos de concentração, os aviões, a guerra, todo o pesadelo do qual acabo de despertar. De longe, muito longe, ouve-se o barulho abafado de explosões, às vezes um barulho de avião mais próximo e nada mais.

Esgotado pelos esforços e pela angústia das últimas horas, adormeço ao pé de uma árvore; durmo por muito tempo e Charlie, mau anjo da guarda, permanece sozinho com sua nova consciência de homem livre que quase nos trai: um sentinela havia passado a uns vinte metros abaixo e ordenado aos fugitivos escondidos que se rendessem; Charlie quase fraquejou, mas resistiu em um último sobressalto e me contou tudo quando acordei.

Retomamos o caminho, seguimos pelas plantações, em linha reta; meu coração está cheio de alegria, tenho vontade de acariciar o mato e a areia do chão onde estamos sentados para tomar uma decisão. Decidimos tomar a maior distância possível do trem. Abrigamo-nos em uma cabana de caça de patos na beira de um lago e ali esperamos a noite. Em seguida, partimos e antes de nos aproximarmos de um vilarejo que está à vista, um granizo de pedras cai sobre nós, acompanhado de insultos e ameaças e nos tira toda a vontade de entrar em contato com os prisioneiros russos fugitivos, escondidos no bosque.

Contornamos o que parece ser um vilarejo e continuamos a caminhar em uma estradinha, onde um grande medo nos afugenta com a passagem de um carro militar e nos projeta de bruços no mato. Nossa caminhada continua, cada vez mais lenta. A noite cai, o horizonte envermelhece, o trovão soa: aproximamo-nos do fronte. Agora, elementos motorizados circulam em grande quantidade na estrada que evitamos. Depois a tempestade estoura e uma mistura de raios e bombas, chuva e canhões nos cerca. Chove muito forte, estamos em um caminho que bordeia uma plantação e vemos luzes abaixo. A vontade de nos abrigar é grande, mas notamos a presença de alemães e seria uma pena nos deixarmos ser pegos quando a partida está quase ganha.

Continuamos sob uma tempestade diluvial e chegamos finalmente à primeira casa habitada, uma fazenda repleta de refugiados das cidades. Graças aos meus conhecimentos em alemão e a um desmaio muito bem simulado por Charlie, obtemos sopa, mas não abrigo, e perguntamos o caminho do presbitério, pois é perigoso caminhar com roupas listradas.

Chegamos a uma chácara atrás da igreja e a cena final acontece muito rapidamente como em um filme: ao mesmo tempo chega um carro cheio de SS. Um soldado vestido com uma blusa de trabalhador rural os acolhe, faz a saudação hitleriana e durante este tempo, partimos com um andar falsamente tranquilo em direção à igreja, mas antes de chegar à porta do presbitério, o soldado nos alcança. Estamos perdidos... Não! Estamos salvos!

Ele coloca a mão em sua jaqueta, na altura do peito e nos estende um grande pedaço de bacon, com um grande sorriso e lágrimas nos olhos.

Acho que termina aqui essa experiência de sobrevivência absurda. O que se segue não é tão interessante: escondidos na casa de um camponês durante dois dias, somos salvos pelos americanos. Depois de um mês de espera, cruzo a fronteira francesa no carro de um médico-capitão da segunda divisão blindada, fantasiado de cabo-chefe dessa unidade de elite que tanto contribuiu para o meu resgate.

Que este colega me perdoe de revelar aqui seu piedoso subterfúgio que me permitiu voltar mais rapidamente para o meu lar.

Epílogo

Ao contrário do costume que consiste em redigir seu testamento quando a sobrevida se torna aleatória, o escrevo 40 anos depois da minha morte, no entanto em posse das minhas faculdades mentais e com meu estado de saúde não muito ruim.

Até consigo afirmar que, por ter morrido há tanto tempo, dez vezes e não uma só, me sinto bem. É verdade que carrego as manchas indeléveis das minhas mortes sucessivas e essas marcas tendem a se acentuar com a idade, mas quem de nós pode se gabar de uma boa saúde sem sua degradação inexorável?

Por sorte sou curioso em acompanhar a atualidade nos jornais e na televisão, em gostar de música. O amor pela pintura tomou um espaço importante na minha vida.

Tudo isso acontece como se houvesse uma cortina entre mim e o restante; minha sensibilidade está atenuada, mas é inútil insistir nisso, já que uma diferença de nível de sentimentos não é mensurável.

Ter estado tão próximo da morte me curou – espero definitivamente – do medo de morrer. Também tenho a convicção de que a nossa morte interessa aos nossos próximos e não a nós mesmos.

Quanto às minhas lembranças dos campos, elas não me obcecam mais permanentemente, mas imagens surgem a qualquer momento. Nessas ocasiões perco o contato com a realidade ao meu redor e meus familiares precisam falar comigo, me sacudir para me trazer de volta ao momento presente; me perco num passado do qual ainda não compreendi, depois de tantos anos, a totalidade vivida.

Há pouco tempo assisti a um programa de televisão sobre os falsificadores de moeda da Alemanha hitleriana. Era no campo de Oranienburg onde especialistas fabricavam libras esterlinas, e a imagem do barracão me remeteu à atmosfera desse campo por onde eu transitara.

Lembrei-me dos detentos que caminhavam sem trégua da manhã até a noite, calçados com grossas botas que deviam "lacear" para os soldados no fronte russo. Enquanto o barracão estava aparecendo, revia o sol e as nuvens em cima do campo, a poeira levantada pelos sapatos, os rostos sérios e impassíveis de centenas de homens condenados a essa tarefa e escutava a martelagem de seus passos cadenciados.

Ainda hoje, quando um evento no noticiário faz referência "àquele lugar" ou quando um espetáculo, peça de teatro ou filme, me coloca de volta na atmosfera de quase meio século atrás, pago um tributo em pesadelos aterrorizantes.

Devo viver com lembranças que voltam a todo momento, tão presentes quanto no primeiro dia, às custas de mais de 40 anos de sobrevida dos quais as recordações se dissipam: minhas atividades profissionais, os detalhes e as datas da minha vida em família fogem com frequência e, quando meus próximos as evocam, fico surpreso de tê-las vivido, de tanto que minha memória as reprimiu.

De um lado, esses vinte e dois meses ainda presentes, precisos e obcecantes, do outro, uma infância, uma adolescência, o hiato de mais de 40 anos de sobrevida um pouco desfocados, dissipados, como se estivessem distanciados, mas que foram tão bons de viver, apesar de tudo!

Depois da minha volta, falava durante horas sem parar. Acordava ao som estridente e prolongado de uma velha buzina de carro que parecia o gongo. Essa primeira chamada do dia, sinal geral para levantar-se, durava dois longos minutos e torcia os ouvidos dos homens exaustos, esparramados em suas pranchas de madeira. Não conseguia me livrar dessa velha buzina e ouvia o seu som como era no campo, como se estivesse ainda presente em algum lugar perto do barracão do chefe. Sobressaltava às três horas da manhã como se ainda estivesse lá.

Era noite escura, eu tinha voltado para lá. A obsessão por esse despertar ao qual ninguém podia se subtrair, levava-me, irresistivelmente, a encadear noite após noite o relato dos 22 meses que lá permaneci. Contava num tom monótono as fases sucessivas dessa estada no inferno, minha necessidade de falar era irresistível e Myriam escutava sem me interromper. Essa mesma cena se repetiu dia após dia durante semanas e meses.

Passei vários meses sem retomar minha profissão de médico, de tão enfraquecido, e desenrolava minhas lembranças durante todo esse tempo; contava tudo. Os eventos e as imagens que estavam gravados com precisão na minha memória desfilavam dessa maneira no meu relato, mas eu somente podia comunicar o dizível, o concreto, aquilo cuja formulação era direta e espontânea, o evento bruto, o fato nu, do jeito que eu havia vivido dia após dia.

E sobre minha vivência íntima? A dos meus questionamentos, do meu sofrimento moral, dos meus arrependimentos amargos de uma vida desperdiçada que eu devia acreditar ser irremediavelmente comprometida? Meus sonhos, meus pesadelos sonhados ou vividos, minhas sombrias meditações enquanto me mexia no colchão de palha procurando o sono?

Como meus arrependimentos obsessivos, meus desejos de contato físico ao tocar em um objeto, do perfume de uma flor sentido em um dia longínquo de uma outra vida e, sobretudo, lembranças do sabor de uma bebida, de um prato, me levavam de volta à infância?

Esse tormento moral estava constantemente presente, em uma intensidade insuportável. Conseguia, na maioria das vezes, afastar os problemas metafísicos da vida e da morte para me concentrar em coisas materiais: um ônibus notado ao longe, através do arame farpado do campo, remetia irresistivelmente à plataforma traseira dos ônibus parisienses, a corrente com sua maçaneta de madeira, redonda e lisa, o soar do sinal de partida, o balanço pesado da plataforma sobrecarregada... Durante várias noites agitadas, evocava essa mesma cena em sonho e acordava em seguida no horror do campo...

Nas minhas fantasias, o exterior ocupava geralmente um lugar importante. Logo antes de cair num sono profundo e atravessado de pesadelos ou de sonhos alimentares, perambulava num sonho acordado pelas ruas de Paris: a casa da rua Vavin, cujos andares formavam degraus, com a fachada coberta de ladrilhos azuis e brancos, me parecia tão próxima que quase era possível acariciar suas paredes lisas...

Outras vezes tinha a sensação de ter nas mãos a maçaneta de uma porta de vagão de metrô tal como era naquela época, pesada, lisa e brilhante, polida pelo contato de milhares de mãos e de não poder mais soltá-la. Um jogo sutil se estabeleceu na minha mente entre essa maçaneta lisa e o dedão do pé de São Pedro no Vaticano, desgastado e corroído por milhares de beijos dos devotos; esses dois objetos dançavam uma sarabanda, interrompida quando eu caía no sono. Essa obsessão voltava de modo inesperado em intervalos regulares.

Não esperava mais nada da vida, ela ficara para trás. O problema era sobreviver no dia a dia, não sentia medo de morrer. Como ter medo do que consideramos uma certeza, um evento inevitável?

Perguntava-me de vez em quando como se apresentaria esse fim. Às vezes, via-me vítima de uma "seleção", uma das quais pude evitar por uma série de sortes insolentes. Em outros momentos, imaginava ser executado por pancadas de cassetete durante um incidente qualquer, uma erradicação no campo por presos "comuns", *Kapo* ou outro poderoso, ser morto por um sentinela do alto de um miradouro, como no tiro ao alvo, ou ainda atingido como um coelho por qualquer cabo SS, representante alegórico irrisório do meu destino. Ainda podia, como a maioria, adoecer por subnutrição, morrer de esgotamento ou de diarreia terminal. Cada incidente de saúde podia ser o sinal do meu fim. A ferida infectada do meu pé não devia fatalmente acabar em septicemia fulgurante e em uma morte rápida, neste organismo esgotado, sem mais defesa? Poderia ter previsto – suprema ironia – que meu suicídio falharia por causa da má qualidade do barbante alemão, uma fabricação de guerra? Ou ainda que minha diarreia – da qual tantos companheiros morriam todo dia – curaria porque mastigara pedaços de carvão recolhidos das cinzas de um fogo apagado? Esse recurso quase reflexo tinha, entretanto, uma lógica evidente; só faltava a esse medicamento improvisado o condicionamento do laboratório com seu pó comprimido num molde, a etiqueta colorida e um nome destinado a despertar a imaginação, um nome atrativo como carbo... alguma coisa!

Vivia sob o signo da miopia: meu futuro se resumia em terminar o dia presente e chegar ao dia seguinte; mesmo que cada dia ganho fosse marcado com um sinal positivo depois da chamada da noite, minha certeza de morrer era tão forte quanto a de um condenado à morte na véspera da sua execução.

Durante esses longos meses de corrida contra o tempo, coabitavam em mim a angústia frente ao inevitável e a resignação ao pior, atravessadas por lampejos de louca esperança de sobrevida. O menor evento de saúde equivalia ao início de um desequilíbrio e ao meu fim muito rápido.

Médico e paciente tinham se tornado uma só pessoa. Em um dia de inverno, trabalhando com uma pá na neve, senti a cada inspiração uma dor violenta no peito; todas as hipóteses desfilaram na minha cabeça: era uma pneumonia ou uma infecção pulmonar ainda mais grave, ou ainda um derrame pleural que só podia ser purulento nesse contexto de enfraquecimento!... Não era nada disso.

Uma outra vez, bem depois, notei um caroço doloroso atrás da orelha: fatalmente, era uma mastoidite complicando uma otite média, que certamente se alastraria até as meninges e provocar uma morte rápida... Mas era apenas um abscesso superficial curado com uma simples incisão!

Havia recebido todo o peso de um tronco de árvore sobre meus joelhos flexionados: mais uma vez previ as pernas trituradas e o transporte até a enfermaria, antecâmara do crematório...

Afinal de contas, nenhuma dessas hipóteses se revelaria certa, a tal ponto que era vexatório: à medida que o "paciente" estava tranquilizado, o médico ficava decepcionado por ter errado o diagnóstico; um médico consciencioso não pode se equivocar, muito menos errar repetidamente. Assim, acabei admitindo que meu próprio sofrimento não me oferecia a distância necessária para uma apreciação objetiva.

Durante os cinco primeiros meses, assistia lúcido a uma lenta degradação das minhas chances de sobrevivência. Durante as noites de insônia, contava à minha mulher como fui mandado, já sem forças, a um barracão de mortos-vivos, último grau do horror, onde as porções eram reduzidas a uma quantidade incompatível com uma sobrevivência superior a alguns dias; onde moribundos brigavam por um pedaço de pão num barracão superlotado, a maioria deles incapaz de ficar em pé e banhada nos próprios excrementos. Em um último sobressalto eu rastejei de quatro até a enfermaria que estava próxima, dando-me uma última chance de virar as costas para o quarto da morte.

Havia sobrevivido a tudo e não podia acreditar. Às vezes, surpreendi-me pensando não ser mais do que uma espécie de ectoplasma, mas essas impressões fugazes eram desmentidas por meu entorno direto. Perguntava-me qual parte de mim havia retornado intacta, mas não pensava na minha integridade física, não atribuía importância a um pé mutilado, coxas emagrecidas, dentes a menos, ter me tornado um ser friorento, pálido e encurvado, com a pele infiltrada em algumas partes, murcha em outras, ser obrigado a seguir uma dieta para evitar revoltas intestinais dolorosas.

Não dava importância aos meus repentinos acessos de sonolência que se apossavam de mim a qualquer hora, frequentemente na mesa durante uma refeição na companhia de amigos que respeitavam meu repouso, sabendo que era devido às minhas privações.

Aceitava sem revolta minhas fraquezas e meus sofrimentos porque era o preço que eu pagava por ter a vida salva; mas essa vida, o que era? De certo modo, tudo era maravilhoso: ter reencontrado intacto o amor da minha companheira, ver nosso filho crescer, ter retomado minha profissão, ser amado pelos meus pacientes. Isso não era milagroso?

Nas próprias manifestações da vida do dia a dia tudo havia mudado: o simples fato de comer à mesa, de usar um talher, me dava a sensação de renascer. Por quase dois anos, havia esquecido a sensação de comer até a saciedade, estar novamente vestido, ter uma caneta, um relógio. Coisas banais numa existência ordinária não paravam de me deslumbrar.

O mais difícil era o meu humor: havia me tornado instável, alegre em alguns momentos, tendo reencontrado meu senso de humor, frequentemente me sentia bem comigo mesmo; em outros momentos tinha repentinos acessos de tristeza, durante os quais procurava refúgio na solidão do meu escritório. Naqueles momentos o futuro me parecia sem interesse, minha profissão adquiria um aspecto irrisório, mas esses estados não duravam muito e minhas preocupações profissionais ajudavam a me distrair.

Quando tentava entender minhas relações com os outros, as sentia sob o aspecto de um "distanciamento": sentia-me interessado, mas não envolvido. Como se tudo acontecesse num palco de teatro e olhava os outros viverem com a curiosidade de um entomologista. As irritações, as empolgações, os entusiasmos dos meus contemporâneos só me interessavam de muito longe. Sentia um prazer intelectual em acompanhar a evolução do mundo político, mas sem componente emocional. Mergulhado em qualquer multidão densa, sentia uma barreira que nos separava. Quando aplaudia no teatro, era para expressar uma conivência de espírito ou um prazer estético dos quais toda emoção estava ausente...

Em suma, estava consciente do fato de que se minha sensibilidade não havia sido suprimida, estava ao menos fortemente diminuída. Perguntava-me se ainda seria capaz de gozar dos prazeres da vida e em qual grau minhas percepções estavam amenizadas em relação a uma sensibilidade "normal". Tudo acontecia como se eu olhasse os outros através de um vidro espesso.

Durante os primeiros anos após minha liberação, conheci os melhores momento viajando pela França em companhia de nossos filhos; ainda assim, repentinos retornos em forma de pesadelos – dos quais saía bruscamente, suando ou muito frequentemente com um grito rouco – se sobrepunham às dificuldades em andar por conta do meu pé mutilado. Naqueles momentos, minha mulher me sacudia para interromper o pesadelo, me despertava para me trazer de volta à superfície, à realidade e a essa vida milagrosamente reencontrada que eu sentia como um segundo nascimento.

Em outras ocasiões aquilo me assaltava como um sonho acordado; reencontrava, então, o cheiro pestilento da carne queimando que dominava o campo, flutuando como uma nuvem, rastejando pelo chão em tempos de chuva e se insinuando entre os barracões pelas aberturas e frestas. Nenhum lugar do campo era poupado desse cheiro atroz. Era um lembrete permanente destinado aos que lá viviam à espera do crematório.

Às vezes, revia os detentos "comuns" hilários, brutais, que haviam nos acolhido no primeiro dia, desde o primeiro banho, com injúrias e gracejos; com o indicador apontando o céu para serem bem claros, diziam: "*Himmelfahrtskommando*" – *Kommando* da Ascensão – e esse termo, proferido por tantas bocas desdenhosas, significava, pelo que adivinháramos, que essa viagem era a última e só podia terminar com a morte!

Certas vezes, silhuetas surgiam nessas visões, seres curvados, sem forma, vestidos com farrapos variados de todas as cores, notados através das janelas do barracão-enfermaria, com seus "KZ" maiúsculos pintados de vermelho nas costas, ou ainda imagens de cadáveres nus amontoados, descarnados.

Lembrava que no momento da pior das resignações, quando a mínima esperança de sobrevivência era ausente, estava consciente de ser testemunha de eventos de consequências históricas excepcionais dos quais nunca poderia testemunhar e que ninguém jamais saberia o que eu teria vivido.

Agora me distancio, ou melhor, levo a vida com minha própria distância, aquela que sempre tive desde esses eventos: entre mim e o resto do mundo há sempre uma cortina. Pode-se dizer também que minha sensibilidade está diminuída como a lâmina de uma faca que serviu muito; entretanto lágrimas me surpreendem de vez em quando, meus olhos se enchem vendo uma cena emocionante no cinema ou no teatro, na frente da tela da televisão. Ainda seria sensível "em algum lugar" aos amores, aos sofrimentos humanos? Seria um resto de sensibilidade ou um maldito mecanismo fisiológico, um tipo de memória própria das glândulas lacrimais? Ou ainda... Sim! É bem isso: somente sentimentalismo, espécie de emoção menor, superficial, um tecido emocional com trama frouxa demais para resistir ao tempo.

Talvez seja uma falha de algumas conexões cerebrais, uma deterioração difusa dos neurônios, aquela que acaba progressivamente nesse estado, muito lentamente (mas eu não estou com pressa!), que os médicos chamam de "lacunar"? Será que logo mais – o mais tarde possível – andarei com pequenos passos apressados e passarei repentinamente, sem transição, do riso ao choro e quiçá experimentarei um sentimento de surpresa frente ao comportamento do meu corpo em relação ao qual minha vontade não terá mais nada a ver?

Mas esperando por isso – aliás, espero algo? – sigo em frente. Gosto da natureza; me esqueço ao sol da primavera, me sinto bem. Estamos no fim de abril, as árvores estão em flor, o cedro do Japão forma um buquê esplendoroso, os jacintos e narcisos perfumam o ar, a cerejeira selvagem e a pereira formam tufos de um branco apertado, intenso, luminoso.

Um vento leve agita as folhas e sacode o papel na minha máquina de escrever; uma primavera precoce nasceu oito dias atrás, os dias estão anormalmente quentes; leio sob o sol, me interesso pelas notícias, leio jornais e livros.

Tenho um sentimento fraternal para com todos aqueles que sofrem e nessa primavera radiante há tantas maneiras de sofrer! Sim, é verdade: em nome dos meus sofrimentos passados, tenho um sentimento fraternal por todos os presos, torturados, famintos, drogados e também os que sofrem em suas peles, como posso sofrer... Me sinto irmão mais velho de todos, aquele que sabe pelo que ele passou...

Abril, 1988

Percurso de Fred Sedel pelos diferentes campos de concentração e extermínio nazistas entre julho 1943 e maio 1945.

1. Jouy en Josas – Paris
2. Drancy
3. Auschwitz
4. Jaworzno
5. Birkenau
6. Sachsenhausen
7. Oranienburg
8. Landsberg
9. Kaufering

Fred Sedel nasceu em 1909 durante o antigo império austro-húngaro, em Lwow, atual Lviv, Ucrânia. Em Timisoara, cidade húngara na época, obteve o diploma equivalente ao *baccalauréat* francês. Aos 18 anos, foi estudar medicina em Paris. Em 1943, exatos sete meses depois de seu casamento, foi preso e deportado para a Alta Silésia. Após meses nos campos de concentração e de extermínio, em seu milagroso retorno, retomou a profissão de médico nos subúrbios de Paris. Fred Sedel também é autor de *Le Prix du Passage* (Presses de France, 1965).

*Cet ouvrage a bénéficié du soutien des Programmes
d'aides à la publication de l'Institut Français.
Este livro contou com o apoio à publicação do Institut Français.*

© Editora Nós, 2022

Direção editorial **Simone Paulino**
Editora **Renata de Sá**
Assistente editorial **Gabriel Paulino**
Projeto gráfico **Bloco Gráfico**
Assistente de design **Stephanie Y. Shu**
Preparação **Larissa Aparecida**
Revisão **Alex Sens**
Produção gráfica **Marina Ambrasas**
Coordenadora de marketing **Michelle Henriques**

Imagem de capa **Newman Schutze**
Sem título, 2022, 66 × 48 cm, nanquim sobre papel

Texto atualizado Segundo o novo
Acordo Ortográfico da Língua Portuguesa

Todos os direitos desta edição reservados à Editora Nós
Rua Purpurina, 198, cj 21
Vila Madalena, São Paulo, SP CEP 05435-030
www.editoranos.com.br

Dados Internacionais de Catalogação na Publicação (CIP)
de acordo com ISBD

S447h
Sedel, Fred
   Habitar as trevas / Fred Sedel
   Título original: *Habiter les tenebres*
   Tradução: Lucília Teixeira e Maxime Godard
   São Paulo: Editora Nós, 2022
   280 pp.

   ISBN 978-65-86135-95-4

1. Literatura francesa. 2. Relato biográfico. I. Teixeira, Lucília. II. Godard, Maxime. III. Título.

2022-2684

CDD 840
CDD 821.133.1

Elaborado por Vagner Rodolfo da Silva, CRB-8/9410

Índice para catálogo sistemático:
1. Literatura francesa 840
2. Literatura francesa 821.133.1

Fonte **Suisse Works**
Papel **Pólen soft 80 g/m²**
Impressão **Margraf**